人生を切り拓く人のチャンスのつかみ方

発行 東京カレンダー

はじめに

この本は、月刊誌『東京カレンダー』で連載中の対談「SPECIAL TALK」をとりまとめたものです。

現在と将来の日本をリードする各界の著名人をお招きし、次世代リーダー層に向けてメッセージを発信するとともに、ゲストがいかにして自分を形成していったのかを、子どもの頃や社会人になったばかりの頃の原体験をクローズアップし、ビジネス誌の一般的な対談とは違う視点で紐解いています。

ゲストが語る経験談はどれも痛快で、あっと驚かされますが、誰もがはじめから順風満帆だったわけではありません。大きな失敗や挫折を味わい、苦しみながらも創意工夫し、困難を乗り越えていく様を赤裸々に語ってくれています。そうした経験談に、自身の過去・現在・未来を重ね合わせ、今後の人生を切り拓くためのヒントを見出してほしいと、このたび一冊の本にまとめました。

成功の秘訣は、「目の前のチャンスに瞬発的に反応すること」

——目の前にあるチャンスに瞬発的に反応し、諦めることなく挑戦し続ける。

これは、この本に登場する対談者15名に共通する気質です。32歳から66歳（２０１７年現在）と年齢も幅広く、生きてきた時代背景、家庭環境や教育環境、活躍するフィールドも様々ですが、皆、失敗や挫折を繰り返し、たとえ恵まれない家庭に生まれ育ったとしても、逆境をポジティブに捉え、過去の経験をすべて、人生の糧にしています。不遇をものともせず、粘り強く挑戦し、いまもなお信念を持って挑戦し続けているのです。

対談を重ねて気づいたことに、ほとんどの方が、独立や起業といった〝大きな転機と挑戦〟を振り返ったとき、

「『面白そう、やりたい』と思ったから、やってみただけ」

「目の前の課題に必死に取り組んだだけ」

「先のことなど全然考えていなかった」

とおっしゃいます。

つまり、目の前にあるチャンスに、必死に食らいついただけなのだ、と。

これは、来るべきチャンスに備えて綿密に計画を立てている人とは、真逆の思考です。まずは最初の一歩を踏み出し、走りながら軌道修正し、どんなに高いハードルでもひとつずつ確実にクリアしていく。これこそが、成功をおさめる挑戦者たちのスタイルだと言えます。

彼らはいかにして「挑戦する人間」になったのか?

対談者の皆様は、いかにして「挑戦する人間」になったのでしょうか。

私自身も1989年、35歳のときに起業しました。時を同じくして起きた歴史的な「ベルリンの壁崩壊」を目の当たりにした私は、新しい時代の幕開けを感じ、「古い価値観を打破し、若者が活躍できる会社にしたい」と創業を決意しました。来るべき未来に向けて、勇気が湧いてきたことをいまでもよく覚えています。

この本に登場するゲストたちは、誰もが好奇心旺盛です。失敗したらどうしようと恐れるよりも、「これがしたい」という強い欲求とそれをやり抜く行動力に溢れています。生い立ちから今日に至る人生を追体験すれば、なぜ彼らが挑戦する道を選んだのかが見えてくるはずです。

舞台は東京の名レストランにて

さて、この対談シリーズは少し趣向を凝らし、『東京カレンダー』が手配する洗練されたレストランを舞台に行われます。伝統と革新を感じさせる美味しい料理とお酒を愉しみつつ、リラックスした雰囲気で展開される対談だからこそ、普段はあまり表に出さない彼らの心の内側に迫れたのだと思います。

15名の人生のストーリーが、読者の皆様の意識や行動に変革をもたらすことを切に願っています。

２０１７年11月　金丸恭文

対談のホスト

フューチャー株式会社 代表取締役会長兼社長

金丸恭文

PROFILE

大阪府生まれ、鹿児島県育ち。神戸大学工学部卒業。1989年に起業し、代表取締役就任。規制改革推進会議議長代理、未来投資会議構成員、働き方改革実現会議議員、経済同友会副代表幹事、NIRA代表理事を務める。

CONTENTS

はじめに 2

Special Talk 01
サントリーホールディングス株式会社 代表取締役社長
新浪剛史 氏
順風満帆ではない、挫折だらけのスタートから、企業のトップへ 11

Special Talk 02
株式会社サイバーエージェント 代表取締役社長
藤田晋 氏
最も大切なリーダーの素質は逆境でしか得られない、ハートの強さである 29

Special Talk 03
楽天株式会社 代表取締役会長兼社長
三木谷浩史 氏
加速するグローバリゼーションの中、国というカタチにこだわるのは、もう古い 47

Special Talk 04
オテル・ドゥ・ミクニ オーナーシェフ
三國清三 氏
成長の速度を速めるには、人の何倍も自己犠牲を払うのみ 67

Special Talk 05
株式会社イー・ウーマン 代表取締役社長
佐々木かをり 氏
多様性が求められる時代だからこそ自分流の視点を持つことが重要 87

CONTENTS

Special Talk 06
増田宗昭氏
カルチュア・コンビニエンス・クラブ株式会社 代表取締役社長兼CEO
人間の本質は常にチャレンジすることである ―― 109

Special Talk 07
淺野秀則氏
株式会社フォーシーズ会長兼CEO
どんな時代にも必ずチャンスはある。ポジティブにぶつかっていくべき ―― 127

Special Talk 08
万波奈穂氏
囲碁女流棋士
負けから学び、それを糧に勝つための備えをする ―― 149

Special Talk 09
設楽洋氏
株式会社ビームス代表取締役
時代の流れを見極め、一歩先に手を打つこと ―― 167

Special Talk 10
夏野剛氏
慶應義塾大学 政策・メディア研究科特別招聘教授
これからの世界における日本の戦い方。IT化が変えた働き方と、進化のスピード ―― 189

Special Talk 11
株式会社ユーグレナ
代表取締役社長
出雲充 氏
人との出会いや、出来事との巡り合わせにすぐさま反応すること —— 213

Special Talk 12
東京大学大学院 工学系研究科
特任准教授
松尾豊 氏
20歳代で年俸1億円も現実のものに。これからの日本は、もっと若者にチャンスを与えるべき —— 229

Special Talk 13
ユナイテッド・ワールド・カレッジISAKジャパン 代表理事
小林りん 氏
教育変革こそが、世界と戦えるカギとなる —— 247

Special Talk 14
株式会社ZMP
代表取締役社長
谷口恒 氏
テクノロジーへの興奮が、新しいビジネスを生み出す —— 267

Special Talk 15
株式会社気仙沼ニッティング
代表取締役
御手洗瑞子 氏
知らない世界に自分をさらし、経験し、考えることが大切 —— 287

おわりに —— 308
SPECIAL TALK 対談の舞台 —— 312

SPECIAL TALK 01

サントリーホールディングス株式会社
代表取締役社長

新浪 剛史氏

PROFILE

1959年、神奈川県生まれ。1981年に三菱商事入社。1991年、ハーバードMBA取得。2002年、ローソン代表取締役社長就任。2014年10月より現職。2013年より、税制調査会特別委員。2014年より、経済財政諮問会議民間議員を務める。2015年より、世界経済フォーラム（ダボス会議）International Business Councilメンバー。2016年、米国経済開発委員会（CED）「Global Leadership Award」受賞。

Special Talk 01

サントリーホールディングス株式会社
代表取締役社長

新浪剛史氏

順風満帆ではない、挫折だらけのスタートから、企業のトップへ

2000年以降、存在感が増してきた「プロ経営者」。生え抜きではなく、経営の手腕を買われ外部から招聘される社長を指す言葉である。新浪氏はそんな「プロ経営者」の日本における草分け的な存在だ。学生の就職人気ランキング上位常連の三菱商事から、43歳の若さでローソン社長へ転身。そして2014年、創業家出身ではない初の社長として、サントリーホールディングスの舵取りを託された。

この経歴を見れば、常に輝かしいエリート街道だったのだと思う人も多いだろう。しかし意外にも、新浪氏の社会人生活は、順風満帆ではなく、挫折だらけのスタートだったのだ。

それでも逆境にめげず、パワフルに人生を切り拓いてきた新浪氏の強いマインドは、いかにして作られたのか?

企業のトップに立つことを目指し、日々戦っている若手ビジネスマンが、即実践すべき〝リーダーのマインドセット〟が惜しみなく語られている。

金丸 ようこそおいでくださいました。

新浪 お招きいただき、ありがとうございます。

金丸 新浪さんは横浜のお生まれでしたよね？　どんな子ども時代を過ごし、どんな将来を考えていましたか？

新浪 体が大きかったので、小学校の頃から暴れん坊でしたね（笑）。父が横浜港の荷役に関わる仕事をしていて、家にはよくアメリカのネイビーなんかが出入りしていました。言葉はわからないですが、みんなすごくフランク。こういう人たちとコミュニケーションができたらいいなと思い、いつかアメリカに行きたい、と小学生の頃から考えていましたね。

金丸 そういう思いが、後のキャリアにつながっていくわけですね。慶應義塾大学を出て三菱商事、ハーバードビジネススクール、ローソン社長、そしてサントリーホールディングス。新浪さんの経歴を見ると、まさにメインストリート、と思えるのですが、ご本人はいつも本当に謙虚でいらっしゃる。ご自身のキャリアをどう捉えているんでしょうか。

新浪 それがメインストリートだったか、なんてことはわからないんですよ、やっているときは。ローソンにしても、僕が行ったばかりの頃は、すごく苦しい状況でした。経営の舵取りをしていて、本当は怖くてしょうがないときでも、トップとしてはそんな姿を見せることはできません。張り子の虎のような気分のときもありました。

■希望した通りにならなかったことがよかった

新浪 振り返ってみると、ひとつの大きな転機は大学時代ですね。僕が夢に描いていたのは、アメリカへの憧れもあり、外交官になることでした。だから、東京大学の文科一類に行こうとしていました。しかし、大学受験で落ちてしまって。

金丸 もともと慶應志望ではなかったんですか。

新浪 中学1年までは、勉強はできないわ、遅刻はしょっちゅう、と生活が乱れていたんですが、それを変えてくれたのが、中学2年生で始めたバスケットボールでした。背が高かったこともあって、すぐにレギュラーになり、練習も毎晩7時まであってキツかったですから、ダラダラした生活が、これで一気に締まったんです。朝5時に起きて勉強もするようになって。生活にリズムができて、そしたら成績も上がって。

金丸 だから、いまも忙しいのが好きなんですね（笑）。

新浪 はい（笑）。結局、バスケットは高校でも続けて、中心選手として活躍しました。いわゆるバスケエリートだったんです。チームも強くて関東大会で3位になりました。僕は国体選手になって、最優秀選手の3人にまで選ばれて。

家族で訪れた横須賀・馬堀海岸にて兄弟2ショット。写真左が新浪氏

ただ、こういうエリートには、たとえばベンチに座って試合に出られないチームメートの気持ちなんてまったくわからないわけです。振り返っていま思うのは、もしあのままストレートで東大に入って外交官になっていたりしたら、自分の人生はどれだけ悪くなったか、ということです。というのも、その後、受験に失敗して、しかも膝を壊してバスケも続けられなくなったのです。そんな状況でしたが、体育会をやりたかったので、まったく経験のなかった器械体操部に入るんです。

金丸 やったことのないスポーツを。失礼ですが、体は硬そうですが（笑）。

新浪 そうです。だから、4年間、ベンチ中のベンチですよ。選手になんてなれない。話にもならない。そこでやっていたのが、部や選手をサポートすること。裏方って、本当に大切なんだと初めてわかりましたね。体育会本部の仕事もしました。ＯＢに頭を下げて、お金を集めたり、合宿のためのカンパをもらったり。

金丸　それは、いい経験でしたね。

新浪　縁の下の力持ちです。そこで一緒になる仲間は、選手としては一流ではないけれど、ものすごく頑張るんです。これがまた素敵で。おかげで、自分ひとりでは何もできないんだ、ということを知りました。たくさんの素晴らしい友達もできた。結果論ですが、いまは行きたいところに行けなかったこと、バスケット人生が続けられなかったことが、逆によかったと思うんです。

■恵まれない仕事だからこそ逆境が必ずチャンスを生む

金丸　しかも、三菱商事に就職してからも、思うようにいきませんでしたね。三菱商事ならすぐに海外に行けると思ったのに（笑）。

新浪　そうなんです。入社前に、アタッシェケースまで買っていたんですが（笑）。３万円だったと思います。結局３年間、まったく使うことがありませんでした。

金丸　おまけに、思ってもみないセクションに配属されて。

新浪 砂糖部です。社内でも、最も儲かっていないセクションのひとつで、配属が決まったとき、同期にこう言われたんです。お前のサラリーマン人生も決まったな、と。年間でかなりの額にのぼる損失を部で出していましたからね。

金丸 でも、そこで頑張ったわけですね。

新浪 初めての出張は憧れのアメリカではなく、中国でした。中国に砂糖を売りに行ったのです。1月の北京はもう寒くて。コートがなく、その上タクシーもつかまらず。凍え死ぬかと思ったのを覚えています。3年前に買ったアタッシェケースを握りしめて（笑）。その仕事で、僕は三菱商事の歴史で初めて、砂糖の商売として中国との取引で利益を出すんです。

金丸 どうして儲かったんですか。

新浪 当時、中国のひとり当たりの砂糖消費量は、日本の10分の1だったんです。いくらなんでも、これは少なすぎる。おかしい。絶対に伸びると思って、可能性をベースにビジネスを組み立てたんですね。そうしたら、その通りになりました。

金丸 結局、周りと比較して、恵まれない仕事や環境は、実はだいたいにおいてよいほうにいくんですよね。僕も同期70人のうち、たったひとりだけ現場に出されて。しかも、全国の営業所の最南端で、最小の熊本営業所。歓迎会を開いてもらったんですが、酔った先輩がいきなり泣き出すわけです。入社していきなり会社人生が終わるなんて、なんて気の毒なんだ。お前は何かやらかしたのか、と。これは脱出しなければいけない、と本社から幹部が出張に来る度に、ホテルまで送る役を買って出た。それで、寝る前に一杯どうですか、と誘って。東京に呼んでください、いろんな仕事をやります、みんなが嫌がる仕事もお任せください、と。

新浪 アピールしたわけですね。

金丸 すると、社運をかけたプロジェクトが浮上して、社長が幹部にこう言ったそうなんです。イキのいい若手を入れろ、と。幹部は現場と離れていますから、若手の名前なんて知らない。唯一、浮かんだのは、遠い熊本で記憶に残っていた僕だった。

新浪 逆境が必ずチャンスを生む。新しいリーダーたちにぜひ伝えたいですね。

■手を挙げて、自分の環境を変える

金丸 新浪さんが最初に配属された砂糖部は、非常に業績が厳しかったとのことですが、それだと出世も難しかったのではないですか?

新浪 だから、僕は砂糖部から次の可能性にかけたいと手を挙げたんです。当時の上司が立派な人で、若い僕にずいぶんと好き勝手やらせてくれたのですが、もしそのまま砂糖部にいたらどうなっていたか……。海外に出て、国内に戻って、また海外に出て、子会社に行って。そんな未来がはっきり見えてしまいました。会社に決められる将来なんて、つまらないじゃないですか。だから、こう言い続けたんです。「僕は砂糖部に入ったんじゃない、三菱商事に入ったんだ」と。で、僕はまず海外のビジネススクールに行きたかったので、会社の公募にチャレンジするわけです。

金丸 ハーバードビジネススクールですね。

新浪 実は僕は2度、社内の試験に落ちているんですけどね。100人ほどが応募して、パスするのは3人。もう社内の優秀な連中ばかりが受けに来る。ただ、集団面接はリーダーシップを取ったヤツが勝ちですから、テーマを与えられると率先して、「はい、××さんどう思いますか?」なんて、さっさとその場を仕切ってしまうので、すんなりパスできて(笑)。留学を目指して毎週土曜日は必ず図書館に通って勉強していましたから、論文も得意でした。

金丸 問題は最後の面接ですね?

新浪 役員と人事部による面接です。これが全然通らないんです。1回目のときは、論文を褒められましてね。「こんなに根を詰めて書いていたら、酒を飲んだり、カラオケに行ったりなんてこともないんだろう」と聞かれたので、「いいえ、歌はうまくはないですが、カラオケは大好きです」と答えたら、成熟度が足りない、とバツをつけられてしまって（笑）。

金丸 2回目のときはどうだったんですか？

新浪 今度はウマが合わない人が出てきて、このヤローと思って言い返してしまった（笑）。それで3回目は、会社でハーバードに行かせてもらうのを実は諦めていて、会社を通さずに自分で受験して、既に合格していたんです。だから、「もう受かっているからいいや」と、3回目の面接では喋らずに静かにしていたら、「あいつは大人になった」と二重丸がついて合格していました。いやもう、びっくりしました（笑）。

金丸 留学からの帰国後も大変だったとお聞きしました。

新浪 社内で、僕を採ってくれる部署がなかったんです。面倒なヤツがいるぞ、と。だから帰る先がなかった。それで、留学の面接官のひとりだった人が、「誰も採らないならオレのところへ来い」、と言ってくださって。それが、食料本部の人だったんです。国内のスーパーにどうやって冷凍食品を売るか、という仕事。でも僕は、その仕事をやりたいと思わなかった。このとき、コンサルティング会社からオファーをもらっていて。

金丸 そんなことがあったんですね。

新浪 それで、三菱商事の先輩にあたる人のところに相談に行ったんです。そうしたら、「頭のいいヤツは世の中には、いくらでもいる。三菱商事のよさは、やりたいと思ったことを、必死になればやらせてくれるところだ。世の中の仕事人には、ドゥアーと、プランナーがいる。お前の行こうとしている会社はプランナーだが、本当にそれでいいのか？」と。僕はどう考えても、ドゥアー、行動派ですよ。計画するタイプじゃない。いいことを言ってもらえましたよね。それで、よしじゃあ社内でやりたいことを考えよう、何か面白いビジネスはないか、と見つけたのが、病院給食だったんです。当時の病院は、夕方4時、5時に冷たいご飯が出る時代でしたから、そこにもっとビジネスチャンスがあるんじゃないかと。

金丸 受け入れ先がなかったことに、落ち込んでいてもしょうがないだろう、と。でも、そこで食や小売りとのつながりができ、やがてローソンにもつながっていくのですね。

新浪 自分でやろうと思ったなら、失敗しても何かのプラスになるし、必ず誰かが見てくれているものだということも知りました。後に病院給食の会社を立ち上げ、事業を社員食堂に広げて、三菱商事の社員食堂もやっていたんですが、入り口でコック服を着て、頭を下げて「いらっしゃいませ」なんてやっているとき、あるとき、経営陣に呼ばれたんです。夜の社員バーに。常務人事担当役員が目の前にいて。

金丸 やっぱり手を挙げる、って重要ですよね。くすぶって、不満を持って、居酒屋で愚痴を言っていてもしょうがない。不満があるなら、これをやらせてくれ、と言ったほうがいいですよね。

新浪 上にしてみると、そう言われたほうが、すっきりします。

金丸 黙っていて、オレのこと昇進させてくれない、なんて言っていても何も始まりませんからね。

新浪 こんなことがやりたいんだ、と言ってくれるのは、頼もしいんですよ。できるだけやらせてやろうと思う。もちろん、言う側にも必死の努力は必要ですけどね。実は病院給食のビジネスも、1年目は企画が通らなかったんです。三菱商事がやる仕事なのか、と言われて。ノウハウもないだろうと。そこで、フランスの同業会社をパートナーにするんですね。パリに上司を連れて行って、「どうですか。最高でしょう、パリ」と(笑)。やっぱり粘らないと。結果的にやらせてもらって、その会社は、最後は上場までいきました。そして、このとき現場との対話を続けた経験が、そのままローソンで役に立ったんです。あのとき思い切って手を挙げていなければ、いまはないですね。もちろん、リスクもありますけどね。でもね、そもそも人生って、リスキーですから。生きること自体、リスク。リスクを取らないと、成長もできません。

金丸 いまの時代、リスクを取らないことこそ、最大のリスクですから。

対談の舞台『旬房』

新浪　好きなこともどんどんやる。私はいまもなんですが、ケンタッキーフライドチキンが大好きで、当時三菱商事の食料本部の隣のチームの仕事だったケンタッキーフライドチキンの仕事までやって、いつの間にかそのチームのリーダーにもなって。やがてそれがローソンの社長への道へとつながってもいったんです。

金丸　さて、サントリーホールディングスの社長、まさに重責だと思います。しかも、外部からの初の社長です。

新浪　何事も、始まりは怖い。そう思っています。しかも、ローソンでは（社長に就く前に）いろんなことをやっていたけれど、サントリーでは何をやってきたわけでもない。いい意味の刺激を受けて、それをエネルギーにして、いい仕事をしていくしかない。外から来た自分だからこそ、こうすべきだと思うことや、感じた疑問はどんどんぶつけていくほうが好転すると思っています。

金丸 経営は、結果が問われる厳しい世界ですからね。

新浪 常に、平家物語のようだと思っています。盛者と思ったら必衰。そして、常に上はいます。日本にもいるし、世界に出れば数えきれないほどいますからね。

■次世代のリーダーへのメッセージ

①市場価値を考える

金丸 では、これからを担う、次世代のリーダーにメッセージを送るとしたら、どんな話をされますか？

新浪 まずは自分の市場価値を考える、ということ。社内におけるポジショニングなんかよりも、もっと外に目を向けて、社外の人材マーケットにおける自分の価値がどうか、を考えてどんどんチャレンジしたほうがいい。時間は有限です。金融では、時間は金利を生みますが、人間には何も生まないどころか、取り返しがつかないことになる。やりたいことがあるなら、リスクを取って挑んだほうがいい。こうやりたい、と思うなら、思い切ってやってみる。それは、必ず自分の成長にもつながります。

金丸 おっしゃる通りですね。

新浪 僕は以前、金丸さんに誘われて、経済同友会の外交・安全保障委員会に参画したのですが、実は、最初は本業以外のところに入るのは、抵抗感もあったんですよ。

金丸 僕が委員長で、新浪さんに副委員長をやっていただきました。新浪さんにとっては、まったく専門外のことだから、面白いと思ったんです。必死で口説きましたね（笑）。

新浪 あの手この手で、ですよね（笑）。

金丸 新浪さんの納得した後の行動力はすごいですよ。あの頃は毎週末、新浪さんから携帯電話に留守電が入っていて（笑）。「いまこんな本を読んでるんだけど、この35ページ目のここが面白くて」とメッセージが入っているんだけど、話が長いから留守電が途中で切れてしまう。すると、また続きを留守電に入れて、その繰り返しで7件とか留守電が入っていました（笑）。

新浪 よく覚えていますね（笑）。

金丸 いや、本当にびっくりしたんですよ。

新浪 でも、あれは本当に勉強になりましたし、楽しかったです。外交に関する本もたくさん読んで、自分の成長にもつながりました。

②人との出会いを大切にする

新浪 次に、やはり縁を大切にするということ。人は巡り巡り、仕事も巡り巡ってくる。サントリーに入ってから、これまでの仕事がいろんなところでつながってきたんですよ。人、土地、会社も、巡り合わせがある。誰かが上から見て操っているのかと思うくらい、どうしてこうなるのか、本当に不思議です。

金丸 自然にそうなるんですよ。必死に考えて行動していると、自然につながるんだと思います。たとえば新浪さんとは、まだ新浪さんが大きな役職もない、ローソンの社長就任のさらに10年以上前に名刺交換をしていましたね。名刺には、VOFとメモ書きしてあったんですよ。

新浪 それは、Voice Of Futureという留学生の会ですよ。大学時代、僕は交換留学制度でスタンフォード大学に留学していて、その関係者の会ですよ。

金丸 僕は留学してないのに（笑）。勉強会に参加していたんですね。

新浪 その勉強会のコアメンバーだったのが、竹中平蔵さんであり、茂木敏充さんであり。当時僕が26～27歳くらいです。

金丸 竹中さんとは産業競争力会議などでいまご一緒しています。茂木さんも仲間ですね。そんなふうに、5年後、10年後にその出会いがつながっていくんですよ、ということを若い人たちには伝えたいですね。

新浪 やっぱり会社人間ではなく、外にいろんな知己を得ることが大事なんだと思うんです。一度は忙しくなって疎遠になりかかるんですが、高い意識さえあれば、どこかでまた必ずつながる。業界や、アプローチが違っても、そういう人は集まってくるんです。すごい話です。

③ハンドルに遊びを持つ

新浪 そして最後にもうひとつ、僕が挙げるとすれば、ホッとできる時間をうまく作ることです。仕事のことばかり考えていると、ハンドルの遊びが生まれない。これでは、最終的に失敗しかねない。僕もあんまり上手じゃなくて、映画を観ることくらいしかないですが、オンとオフはきちんと作ったほうがいい。実際には頭ではいろいろ考えているけど、それでもオフをちゃんと作ることです。そういうところから、いつもと違う発想が生まれてくる。

金丸 落ち込んだとき、悩んだときのアドバイスはありますか。

新浪 口にすることです。親友でも、奥さんでも、彼女でもいい。弱みをさらせる人に、きちんとさらす。これが大事です。

金丸 そういえば、夜中の2時、3時に電話がかかってきたことが、何度もありましたね（笑）。

新浪 ひと通り喋ると、ホッとできるんです（笑）。

金丸 でも、チャレンジしているから、そういう思いにもなるんでしょうね。

新浪 ローソンでずっと経営者として過ごす道もあったかもしれません。でも新天地でのチャレンジを選択して、本当によかったと思っています。何か新しいことを始めると、自分が活性化されるんです。自分自身、新しいアドレナリンが目一杯、出た。新しい人たちと話すのも面白い。チャレンジし続けることで、自分は成長できる。そう実感しています。

SPECIAL TALK 02

株式会社サイバーエージェント
代表取締役社長

Special Talk 02

株式会社サイバーエージェント
代表取締役社長

藤田晋氏

最も大切なリーダーの素質は逆境でしか得られない、ハートの強さである

インターネットの広告代理店として初の上場を果たした株式会社サイバーエージェント。そして最年少上場社長（当時）として、時代の寵児と言われた藤田晋氏は、いまも変化の激しいインターネット業界を牽引《けんいん》し続けている。

いまだに優秀な学生たちがこぞって成熟ビジネスの大企業への就職を希望する〝超安定志向〟の日本において、そんな藤田氏は珍しく早い時期から「起業すること」を目指していた。

その想いは有言実行され、若くして大きな成功をつかんだ藤田氏の仕事観とは、いかなるものなのか。また物事を決断する際の思考法はどのようなものか。これから、職業選択をする学生はもちろん、起業を考えているビジネスマンにとって、有益なヒントが本対談に詰まっている。

金丸 史上最年少社長（当時）として東証マザーズに上場し、現在も日本を代表するＩＴ企業として最前線に立たれている藤田社長の言葉は、若い世代に強く刺さると思います。本日は、そんな藤田社長の仕事観をお伺いできればと考えています。よろしくお願いします。さて、藤田社長は、私が知っている起業家の中でも、かなり若い頃から起業を志した方だと思います。確か、高校生のときには心に決めていたそうですね。

藤田 そうですね。高校3年生のときから、起業家になりたいと考えていました。

金丸 そう考えたのは、何がきっかけだったんですか？

藤田 中学校、高校とバンド活動にハマっていました。パートはボーカルで、プロのミュージシャンを目指していたんですが、なにしろ歌が下手で（笑）。高校3年になって進路を考え始めたとき、薄々気づいてはいたんですけど、自分のレベルだとプロにはなれないとはっきり自覚したんです。だったら「レコード会社を作って、才能のある人をデビューさせる側になろう」と思ったのが、起業家を目指したきっかけです。といっても、苦し紛れに掲げた目標だったので、そこから具体的に何かを始めたというわけではありません。

金丸 でも高3で起業家を志すとは、本当に早いですよね。そもそも、ご出身はどちらですか？

藤田 福井県の鯖江市です。

金丸 確か「Francfranc」などを展開する株式会社バルスの高島社長も、同じ鯖江市出身ですよね。

藤田 そうなんですよ。実は高島社長とは、小学校、中学校が同じで、すごい偶然だなと思いました。

■気づくとリーダーシップを取っていた少年時代

金丸 少年時代はどのようなお子さんだったんですか？

藤田 普通の子どもです。でも、リーダーシップはあったかもしれません。学級委員長や生徒会長を務めていましたから。思い返せば、自分で納得できないことはやらないタイプでしたね。うちの中学には「シャーペン禁止」「男子は全員坊主」という校則があったんですが、禁止の理由がはっきりしないのが納得いかなくて。それで自ら生徒会長になって、校則を変えようとしたこともあります。

金丸 意外ですね。日頃あまりそういう雰囲気は見せませんからね（笑）。

藤田 自分で言うのもなんですけど、本当にすごく普通の子どもでしたよ。

金丸 普通にしているけど、気づいたらリーダーになっているというタイプなんですね。趣味やスポーツはいかがでしたか？

サイバーエージェント創業当時、原宿のオフィスにてメンバーと一緒にささやかな祝杯をあげている様子。藤田氏は写真中央

藤田 オセロと将棋が得意でした。とくに将棋にはのめり込んでいて、小学4年生のときに鯖江市代表として県大会に出て、優勝したこともあります。幼い頃から将棋を教えてくれた父が、「県で一番だから、今日からお前はケンイチくんだ！」と言って、とても喜んでくれたのを覚えています。

金丸 道理で麻雀も強いわけですね（※藤田氏は2014年にプロ・アマ参加のオープントーナメント『麻雀最強戦』に参加して優勝している）。

■大学後半は広告営業のアルバイトに従事

金丸 福井でも指折りの進学校を卒業した後、青山学院大学に進学されます。やはり東京に出たいという気持ちが強かったのでしょうか?

藤田 とにかく田舎から脱出したい、の一心でしたね。私が生まれ育ったところは、本当に地味な田舎町で、テレビや雑誌で見る華やかな世界への憧れがいつからかあったように思います。ここを出られるなら関西でもいいや、と大阪の大学もいくつか見学したんですが、やっぱり最初から東京を目指したほうが起業するにも早いだろうと思って、青山学院大学に決めました。結局、1、2年生の頃は都心から1時間以上離れた厚木のキャンパスで過ごすことになるんですが(笑)。

金丸 大学生活はいかがでしたか?

藤田 授業には出ず、アルバイトに明け暮れていましたね。でもそれがきっかけで、経営者になることを現実的に考えるようになりました。

金丸 それは、どんなきっかけがあったんですか?

藤田 私がアルバイトをしていたのは、リクルート出身の方が立ち上げたベンチャー企業の広告代理店でした。営業を任されていて、大手通信会社が発行するフリーペーパーや求人情報誌など、様々な業態の広告を売り歩いていました。それこそ1日100件の飛び込み営業をこなしたこともあります。営業先には自分より10歳ぐらい上の経営者もいらして、その方たちの仕事の大変さや、やりがいを肌で感じられたことが大きかったですね。

もうひとつは、『ビジョナリー・カンパニー※』（日経BP社）という本との出合いです。時代を超えて生き続ける企業とは何かを説いた本で、「会社そのものが究極の作品」という発想に大きな衝撃を受けました。それまでぼんやりと考えていた起業の道が、このとき、はっきりしました。バブルが崩壊し、就職難やリストラ問題など日本が元気を失っていた頃だったので、新しい時代に向けて、みんなが憧れる「21世紀を代表する会社を創りたい」と決意しました。

金丸 大学卒業後は、株式会社インテリジェンスに就職されます。当時、インテリジェンスは非常に勢いがありましたね。

藤田 将来は経営者になりたいと思っていたので、大企業ではなく、若くして第一線で働ける、面白そうなベンチャー企業に絞って就職活動をしていました。そんな中、セミナーで宇野社長（当時）の言葉や夢に非常に感銘を受け、入社を決めたんですが、本当に勢いがありましたね。社員80名のときに、新卒で44名採用していましたから。

金丸 それは驚きです。そういう攻めの姿勢が、会社を成長させる原動力になるんですよね。

藤田 その頃、金丸会長はまさにＩＴの最前線にいらっしゃいましたよね。『日経ビジネス』で金丸会長の姿を見たのが強烈に記憶に残っています。

ＩＴバブルにより時代の寵児に。渦中にいた心境とは？

金丸 その後、1年も経たないうちにインテリジェンスを退職され、１９９８年には株式会社サイバーエージェントを設立されます。当時はおいくつでしたか？

藤田 創業時は24歳、上場したのが26歳でした。

金丸 インターネット広告会社で初めての上場、しかも26歳という若さ。我々も非常に驚きました。ただ、創業時のお話はいろいろなところで語られていますから、今日はあまり深掘りしません（笑）。当時は「ヒルズ族」などと言われて、まさに時代の寵児でしたね。

藤田 そうですね。六本木ヒルズにオフィスはないのにそう呼ばれていました（笑）。いま振り返って思うのは、２０００年前後のＩＴバブルと言われた時期に、「ビットバレー」と呼ばれた渋谷にいて、その盛り上がりの最中にいられたというのは、すごく大事なことでした。当時、私の周りにはlivedoorやＧＭＯなど、多くのＩＴ企業が集まっていましたからね。あの輪から外れていたら注目を浴びることもなかったし、その後の成長も考えられなかったと思います。

■若者はリスクをもっと積極的に取るべき

金丸 藤田社長のお話を伺っていると、自分の夢に近づくためにアルバイト先も就職先も選ばれているように思います。いまの就職戦線を見て、どのようなことを感じていらっしゃいますか？

藤田 いまの学生は安定志向が強いと思います。ドラマの『半沢直樹』が放送されて銀行の人気が下がるかと思いましたが、逆に上がったと聞きました。日本人はどこまでいっても、安定志向から抜け出せないようです。

金丸 目につくものに飛びついてしまう傾向がありますよね。毎年、日経の就職企業人気ランキングが発表されますが、あれもどうかと。学生の立場からしたら、あの中の企業から選ばないといけないと考えてしまいます。

藤田 ランキング上位の企業に就職することが一種のステータスになってしまいますよね。そうじゃなく、自分で考え抜いて判断してほしい。

金丸 では、いまの若者に足りないものは何だとお考えですか？

藤田 やはり、リスクを取ることでしょうか。若い頃は失うものが何もないはずなのに、失敗して馬鹿にされたり、叩かれるのが怖くてリスクを取れない人が多い。でも、失敗をしながらメンタルを鍛え、経験を積み、恥をかくことを恐れずに挑戦した人は、その分成長も早いと思います。いま活躍されている経営者の多くは、そういった時期があったからこそ、大きなリターンを得ています。

金丸 サイバーエージェントには、若手でも活躍できる風土がありますよね。

藤田 新卒1年目から子会社の社長を任せたり、20代の社員を取締役に抜擢したりと、ポジションを与えて経験させることは、当社の代表的な文化のひとつ。新たな事業分野の場合、特化した子会社を設立し、やる気のある若手を抜擢することで一生懸命に頑張り、事業の立ち上がりが早くなります。ただ、業界慣習が確立された分野では、若い世代だと競争が激化してきたときに、戦う術がなくなってしまうことが少なくないです。

金丸 新しい市場で生き抜く力はあっても、いったん成熟してしまった市場をひっくり返すようなアイデアや実行力は、なかなか育たないということですね。いまの日本では、業界を根こそぎ変えてしまうようなパワーが求められているのではと思いますが。ところで、ここ数年の人材の流れを、どのように見ていらっしゃいますか？

藤田 私が社会に出たときは、成果主義を求める声が強い時代でした。自分に市場価値をつけた後転職市場に出ていくという流れがあり、当時は人材の流動がより高まっていくように感じていました。でも、一過性のものに過ぎませんでしたね。やはり、日本社会に深く根づいている同族、家族経営のようなものがなくなることはない。会社に対するロイヤリティが高く、優秀な人はそう簡単には辞めませんし、結局、人材の流動はそこまで起きていません。

金丸 そうですね。なかなか欧米のように会社をまたいでステップアップを、という風潮は根づきません。ちなみに、御社の離職率はどれぐらいですか？

藤田 おおよそ7～8％です。非常に健全な数字だと捉えています。

■使命感より責任感。モチベーションは年々変化する

金丸 若者にとって、藤田社長は起業家の象徴といえる存在だからこそお聞きしたいのですが、ある程度のステージまで成功された後、モチベーションを維持していくために、何を原動力とされているんですか？

藤田 私の場合は、責任感ですね。

金丸 責任感ですか？

藤田 「行くも地獄、行かぬも地獄」のような状況を放り出すわけにはいきません。社員みんなが希望を持って入社してくれるわけですから、自分がやるしかない、というのが原動力

になっています。モチベーションというと、志があって、高い目標があってという感じがしますよね。でも私はどちらかというと、もう後がない状況を自ら作って追い込んでいる感じですね。

金丸 使命感と責任感だったら、責任感のほうが強い、と。

藤田 断然、責任感ですね。

金丸 面白いですね。

藤田 使命感を持っている人って、すごくモチベーションが高いと思うんですよ。でも正直なところ、私は使命感の持ち方がわからなくて。「自分はこうするために生まれてきたんだ」と言う人がいますけど、「それ、本当ですか?」と思ってしまいます。うちの社員を見ていても、20代の社員は「お金持ちになりたい」とか「モテたい」とかが、モチベーションの9割。ところが、実際にお金を手にしたり結婚したりして欲が満たされたとき、その社員たちのモチベーションがなくなるかといえば、そうではない。歳を重ねたり、ライフステージが変わったりするごとに、モチベーションの源泉も変わっていきます。私も組織を管理しているので、いかに社員をやる気にさせるかということばかり考えているんですが、若い社員をやる気にさせるには、やっぱりモテそうだとか、お金持ちになれそうだというのは、非常に強いですね。

対談の舞台『洋食グリル 白金然荘』

金丸 本来、「モテたい」という欲は普遍的なものであって、時代によって変わるものではないんですが、いまは男性が弱くなっているせいか、そういう根源的なモチベーションの強い人が少なくなっているように感じます。まあ、サイバーエージェントに限っては、そんなことはないと思いますが（笑）。本当にユニークな風土を作られたなと。東京カレンダーの人間も、夜の街でよく御社の社員に出くわすそうですよ。

藤田 そうなんですか（笑）。昔は広告代理店とかテレビ局の方とかがよくいましたけど、最近は本当に見なくなりましたね。代わりにうちの社員がたくさんいます。勢いがあるというのはいいことです。

金丸 どのエリアに出没することが多いのですか？

藤田　西麻布や六本木界隈でしょうか。よく経営者の仲間から「藤田社長のところの社員に会いましたよ」と言われます。それに、私が夜中に急に社員を呼び出しても、だいたい来るんですよ。「その辺で飲んでいました」って。そういうところで酌み交わしながら、情報なり人脈なりをつかんで仕事にフィードバックできるというメリットは、確実にあると思います。「忙しい人ほど、遊んでいる」という東京カレンダーのコンセプトは、まさにその通りですよね。とくに私たちの業界であればなおさら。

金丸　面白いネタが集まれば、面白いコンテンツに直結する。その根底には面白い人がいる。どんな業界でもカギを握っているのは、人なんですね。

■まず、人ありきの経営を。ネット時代のリーダーの覚悟

金丸　藤田流マネージメントについて、もう少し聞かせてください。自身のリーダーシップの在り方については、どのようにお考えですか？

藤田　それこそ、金丸会長のような豪傑で強力な、組織をどんどん引っ張っていくようなリーダーシップとは違いますね。私自身は「人の力を最大限に引き出すこと」を第一に考えています。つまり、社員をやる気にさせ、働きやすい環境を整えることで業績を上げていく

というスタイルです。たとえば本来の経営が、経営戦略や事業計画を立てて予算をとり、遂行していくというものなら、私の場合は真逆です。事業内容は、能力の高い社員が面白がって取り組めるものにしようと決めています。最近、動画や音楽の市場に参入したのも、手を挙げる社員が多かったから。そういうやり方だから、社員たちが輝けるんじゃないかと思っています。

金丸 では、次世代のニューリーダーには、何が求められると思いますか？

藤田 リーダーの役割というのは、社員を目指すべき方向に引っ張っていくことであって、それは今後も変わらない、不変だと思うんです。しかし、いまや誰もがネットで意見を発信でき、ネットを通じてその人の頭の中まで知られてしまう時代であるということは、肝に銘じる必要があります。もはや曖昧なカリスマ性や虚像が通用する時代ではなく、すべてが見透かされる時代なんです。この時代に即したリーダーシップの在り方を、それぞれが模索しなくてはいけません。

■大切なのはハートの強さ。積極的に逆境に挑むべし

金丸 サイバーエージェントは今年（２０１７年）で創業19年になります。今後はどのような展

開を考えていらっしゃいますか？

藤田 いま一番力を入れているのは、エイベックスとの共同事業である音楽配信サービス「AWA」と、テレビ朝日と合弁でやっている「AbemaTV」です。「AbemaTV」は無料で楽しめるインターネットテレビ局というまったく新しいビジネスモデル。テレビ離れをしている世代に対して「新たな〝視聴習慣〟を創り出す」ことに挑戦しています。いまのところ競合らしい競合もいないし、出てくる気配もないですが、フロンティアとしてこの事業を成立させようと奮闘しています。日本でも定額制の音楽配信や映像配信のサービスを根づかせたいですね。私自身、「AWA」を利用するようになって、音楽を聴く時間がすごく増えました。昔の懐かしい曲もよく聴いていますし、新しい音楽との出合いの場にもなっています。

金丸 音楽と映像の分野が、藤田社長の新たな挑戦なんですね。

藤田 投資している額もこれまでよりはるかに多いですし。

金丸 最後に、稀代の若手経営者として、また日本のIT業界を牽引する存在として、いまの若い世代に最も伝えたいことは何ですか？

藤田 そうですね。ハートの強さを持ってほしい、ということでしょうか。仕事人として成長するためには、周囲に何を言われても動じない〝強いハート〟が必要です。ハートの熱さとは違います。熱さは短命で終わりますが、強さはそうじゃない。時間をかけて鍛えられるものです。この18年の間に、当社もネットバブルの崩壊や株価の暴落、事業の大転換など様々な浮き沈みがありました。その度に決断を迫られました。経営者の大事な仕事のひとつは決断することですが、決断力とは頭がいいとか悪いとかじゃなくて、心が強いか弱いかだと思うんです。目の前の数字に惑わされたり、周囲の意見に流されたりするのは、自分の心が弱いから。逆に強ければ、自分が正しいと信じた道を突き進むことができます。しかし、ハートの強さというものは簡単には得られません。逆境に立って初めて鍛えられ、そういう経験を重ねたハートの強い人が生き残っていく。だからこそ、若い人には失敗を恐れず、もっとリスクを取ってチャレンジしてほしいですね。

金丸 サイバーエージェントのビジョンでもある「21世紀を代表する会社を創る」。いまや実現に近いところまで成長を遂げられていると思いますが、その根底には、藤田社長のハートの強さがあったんですね。熱さでなく、強さ。はき違えてしまいそうですが、大きな違いです。今日は藤田社長の強さの根底を垣間見ることができました。誠にありがとうございました。

※『ビジョナリー・カンパニー』…時代を超え際立った存在であり続ける企業18社を選び出し、設立から現在までの歴史を徹底調査。永続の源泉は「基本理念」であることを説いた名ビジネス書。

SPECIAL TALK 03

楽天株式会社
代表取締役会長兼社長

三木谷 浩史氏

PROFILE

1965年神戸市生まれ。一橋大学商学部卒業後、日本興業銀行入行。1993年ハーバード大学MBA取得。1996年クリムゾングループ設立。1997年エム・ディー・エム（現・楽天）設立。同年5月「楽天市場」を開設。現在、年間グローバル流通総額は10兆円を超える。

Special Talk 03

楽天株式会社
代表取締役会長兼社長

三木谷浩史氏

加速するグローバリゼーションの中、国というカタチにこだわるのは、もう古い

31歳で起業し、日本を代表するインターネットサービス企業・楽天株式会社のトップとして、世界を相手に挑戦し続ける三木谷浩史氏。

2012年には経済団体「新経済連盟」の代表理事に就任し、ITの戦略的利活用を軸とした新産業推進を牽引するなど、企業経営以外の社会経済活動にも積極的に取り組んでいる。その活躍はまさに八面六臂——いま最も忙しい日本人のひとりと言っていいだろう。

そんな三木谷氏の行動を決定づけているのは、海外生活で培ったグローバルな視点と、著名な経済学者であった父親譲りの物事を大局から見るマクロ思考である。

少子高齢化などの構造的な問題に直面する日本が、グローバルな競争で勝ち抜くためには何をなすべきか。若者たちへのメッセージが語られている。

■「いつか」ではなく「いま」やる。転機となった「阪神・淡路大震災」

金丸 三木谷さんの一番の人生の転機は、いつ、どのような状況だったんでしょうか?

三木谷 阪神・淡路大震災が大きかったですね。その頃はまだ興銀(日本興業銀行)に勤めていて、ソフトバンクの孫さんのM&Aアドバイザーをしていました。私は東京にいたんですが、家族はみなあっちにいて。会社に行ったら同僚が「関西が大変なことになってるぞ」と。それでテレビをつけたら阪神高速も倒壊してしまっていて、これはエライことになったと感じました。それからなんとか両親とは連絡がついて、無事を確認できました。ですが祖母の安否はわからなかったんです。どうすることもできず、呆然と会社の会議室で震災の様子を伝えるテレビを見ていたら、亡くなった方々の名前が流れてきて、その中に叔父と叔母の名前がありました。それを見た瞬間、居ても立ってもいられなくなって現地に向かいました。通常のルートからは当然無理で、もうほとんど野生の勘で試行錯誤してなんとか岡山から現地に入りました。現地は大変な状況で、友人も3人が亡くなっていました。

金丸 そのときに感じたことがあったということですね。

三木谷 とてつもないことが突然にして起こるものなんだ、と思いました。1週間ほど被災地にいたんですが、そのときにすっと、自然に起業を決意していました。以前からいつかは自分

金丸　で何かやるんだ、とは漠然と思っていましたが、「いつか」じゃなくて「いま」だなと。「いま」やることこそが大事なんだと思ったんです。それまでは、モヤモヤしていたところもあってなかなか行動に移せなかったんですけどね。大きなきっかけになったんですね。会社を辞めることは、キャリアの中でリスクを取ること。ただ、その決心をしたことで、いまの世界の「楽天」があるわけですね。

■何事も楽しんで従事したビジネスキャリアのスタート

金丸　キャリアのスタートは日本興業銀行からでしたよね。最初に配属された部署はどちらでしたか？

三木谷　外国為替部でしたね。日々何百億という額のお金を海外に送金する、当然ながらミスは許されない業務ですが、当時はシステム化も進んでなくて。１９８９年頃の話です。

金丸　まさにバブルの頃ですね。

三木谷　そこで、まだオフィスには浸透していなかったパソコンを使ってシステムを組んで、効率よく送金できるシステムを作るというプロジェクトに携わっていました。ちなみにその（プロジェクトの）前任者は、当時、みんなの党の浅尾慶一郎さんだったんですよ。

楽天創業初期の写真

金丸 その頃からＩＴに関わっていたんですね。あの当時の銀行で、パソコンを使って仕組みを作るというのは本当に画期的だったと思います。

三木谷 そんな感じで、最初の３年間は事務をしっかりこなし、仕事の効率を上げてミスを減らし、「みんなが早く帰れるようにするには、どうしたらいいか……」、なんてことも考えたりしてました。あの頃に、ビジネスマンとしてのベーシックな部分をトレーニングできた気がします。

金丸 意外といってはなんですが、優秀なサラリーマンだったんですね（笑）。会社のことを考え、組織のことを考え、事務の効率化を考えて。

三木谷 すごく楽しかったですよ。僕は一期一会って考え方なので、何でも楽しんじゃう（笑）。どんな仕事も楽しめる性格なんだと思います。

金丸 それはとても重要ですよ。同じ仕事をするならそうありたいですよね。

三木谷 その仕事が1年半ほどで完遂しまして、入社後3年目に、MBA取得のため、ハーバード大学へ留学しました。

金丸 希望を出したんですか？

三木谷 はい。推薦状は、当時の黒澤頭取が書いてくださいました。ちょうどアメリカに行く用事があったので、ハーバードに直接提出しに行きました。3年目の若手が、なんで頭取から推薦状をもらえたかというと、僕はテニスをやっていてそこそこの腕前だったんですが、偶然当時の黒澤頭取とペアを組んだことがあって。そのときに希望を出したんです。

金丸 テニスが出世の役に立った（笑）。でも、若い頃のアピールは本当に重要ですよね。

三木谷 いつの時代も、大事なのはやっぱり、コミュニケーションだと思います。

金丸 コミュニケーションのツールとして、スポーツや趣味は活きてきますよね。連載1回目の対談は、サントリーの新浪剛史さんだったんですが、三木谷さんは留学先のハーバード大学で、新浪さんとお会いしてるんですよね？

三木谷 そうなんですよ！　新浪さんもちょうど留学されていて、大学でお会いしました。先輩方はみな日本に戻っているはずの時期なのですが、なぜかいつもゴルフクラブを担いで歩いてらして、「よう！」なんて感じで（笑）。すごいインパクトのある人でしたね。

金丸　新浪さんらしいですね。彼は留学から帰ってきて、受け入れてくれる部署がなかったという面白いエピソードを話してくれました（笑）。三木谷さんは帰国後、確かM＆Aチームに配属でしたね。そこも希望を出したんですか？

三木谷　はい。花形部署だったし、面白そうだなと志望して、自分は受け入れていただきました（笑）。

金丸　そのM＆Aチームで企業の買収のアドバイザーをしていたときに、ソフトバンク、ベネッセ、そしてTSUTAYAのM＆Aに関わられて、孫さんや増田さんといった起業家とも知り合いになられて、刺激を受けたと。そして、神戸の震災をきっかけに独立をされたということですね。

■迷ったら困難なほうに行く

金丸　独立されてから、しばらくは学習されていたんですよね？　ビジネスモデルをどうするかとか。

三木谷　いや、こういうタチなんで、悩んでいるよりまずは何でもいいから、売上を立てようと思い、当時関わっていた「ディレクTV」設立のコンサルティングをそのままやりました。興銀からもそのまま継続してくださいって言われましたので。

金丸　その最初に作った会社が「エム・ディー・エム」でしたか？

三木谷　初めは「クリムゾングループ」という会社ですね。企業買収やジョイントベンチャーの育成を支援する会社です。そこではいろいろなことをやりました。グーグルの前身であるインクトミという会社を連れてきて、「goo」という検索エンジンを作らせたり。そこでの利益を資金にして、楽天の原型のビジネスを始めました。最初は社内事業だったんですが、その後、「楽天市場」の副タイトルだった「Magical Digital Market」の頭文字をとって別会社にしたのが、「エム・ディー・エム」です。

金丸　初めて三木谷さんと交換した名刺の会社はそこでした。その頃に、偶然にも大阪で商売をしていたうちの弟にも、できたばかりの「楽天市場」の店舗加盟の営業をされていました（笑）。

三木谷　そんなこともありましたね（笑）。5月に楽天をオープンする予定で、2月くらいから営業を開始して。その当時は、今日は広島だ、福岡だ、と全国いろんな場所を飛び回っていました。とにかくがむしゃらでした。

金丸　まさに「楽天」という名前が誕生した頃の話です。

三木谷　名前といえば、会社のネーミングも迷ったんですよ。当時は「e-」なんとかだ、なんとか「.com」だの、かっこいい横文字系が多かったんですが……。迷ったときは、変なほうに

金丸　行こうかなと。
私もそう。迷ったら困難なほうに行きます。そういえば、会ったばかりのときに「三木谷」って名前で僕がひとりだけ知っている人がいて、母校の大学の先生に「三木谷良一」という経済学の有名な先生がいるんだけど……なんて話をしたら「あっそれ、私の父です」なんてこともありました。

三木谷　そうでした（笑）。人って不思議といろいろとつながるんですよね。

■「失敗」を悔いるより、「学習」の機会と捉える

金丸　銀行に勤めていたサラリーマン時代、起業してすぐの時代、それから会社が大きく成長して世界の楽天になったいまと、それぞれの時期で苦しくて落ち込むようなときはありましたか？

三木谷　いやぁ、基本的にあんまり落ち込んだりしないんですよ（笑）。とにかく楽観的、何かあっても「まあなんとかなるだろう」と。これは銀行員時代からいままで、変わらないスタンスですね。

金丸　それはいいですね。なぜそうなれるかというと、きっと未来を信じることができているか

らなんでしょうね。未来を信じれば、今日の困難に集中できる。一方で未来に悲観的だと、今日すら信じることができないので、今日を大切にできない。この差はすごく大きいでしょうね。

三木谷　新経連でも「失敗」の重要性を提言していますが、大切なのは失敗から学ぶことなんですよね。すべては、「失敗」ではなくて「learning experience（学習経験）」だとポジティブに言い換えていいと思ってるんです。

金丸　ご自身では、どういう影響を受けて、そのような楽観的思考になったと思いますか？

三木谷　父がイェール大学の客員教授の頃、7歳～9歳まで、アメリカで過ごした経験も影響しているかもしれませんね。イェールから30分くらいの、ローカルのすごく小さい白人の街で、学校もクラスに有色人種は黒人の先生と私のふたりしかいませんでした。当然差別もありますが、そういう環境だと、もう細かく気にしていられない（笑）。

金丸　確かに、三木谷さんはあっさりしていますよね。経営者でもけっこう引きずる人は多いんですが、三木谷さんは絶対に引きずらないタイプ。そのような性格は、ご両親のどちらかの性格や言動に影響を受けているんでしょうか？

三木谷　母ですかね。父はもっと戦闘的で、感情をストレートにぶつけるタイプですから(笑)。ただ、父からは、〝物事を大局的に見る思考〟を学んだと思います。いわゆるマクロ経済学の考え方です。どういうことが起きるかというある程度のシナリオがあって、その上に立ち想定するという思考です。

金丸 なるほど。

三木谷 たとえばインターネットが出てきたときもいろいろ賛否の意見はありましたが、結局はインターネットのほうが通信販売をより便利に、安くできるよね、と。だったらそちらが必ず大きくなるだろうと考えるわけです。電子書籍やビットコインにしても、紆余曲折あっても100年後は主流になっているかもしれない。3歩くらい下がって、大局を見て判断することが大切だと思うんです。

金丸 一昨年お亡くなりになられたお父様との共著『競争力』（講談社）を拝読させてもらいました。大変感動的で、熱いものでした。

三木谷 父はビジネスマンではないんですが、経済学者であり社会学者でもある。父の学識に基づくロジカルな考え方を自分の中に吸収しておきたい。そんな思いから本を作りました。

金丸 私も本を読んで改めて感じたことがあって。たとえば我々はIT業界にいて、仕事が陳腐化してしまうリスクが常にあるんですが、お父様にはまったくそれがなかった。

三木谷 父は、安易に論文を書くのは好きではなかったようで、学術的な貢献というよりは、常に問題提起をし、問うていく、というタイプでした。なんで中央銀行は独立でなくてはいけないんだ！　とか。シュンペーターとかケインズとか、そういう理論からどんな議論が出てきたのかをさらに提起していく。

金丸　シュンペーターとケインズの理論は、どちら側になるかはさておき、両方学ぶべきですよね。

三木谷　そうですね。僕が思っているのは、いまの世の中は技術革新の中にあって、地殻変動が起こっているので、静的モデルのケインズ的な経済政策っていうのは、有効性が低いんじゃないかと。そういう中、財務省が行うような財政出動とかは、あんまり意味がないんじゃないかと思うこともあります。

金丸　一過性の可能性がありますよね。経営の現場感で言うと、みんな共通して、シュンペーターに共感を覚える。我々は実践で手応えを感じていますから。

■グローバルな競争の中で、いま持つべき意識

金丸　三木谷さんは、海外によく出かけていらして、国や企業のトップと会う機会も多いと思いますが、多くの国々を俯瞰して見たときに、どのようなことを感じていますか？　何かニューリーダーへのメッセージとなるような気づきがあればぜひ。

三木谷 そうですね、僕は古い形の「国」という定義にとらわれていると、競争力を失ってしまうんじゃないかと考えています。これからの活動は、国というよりは地域が大切という感覚に近い。もちろん国として、セーフティネットとか、防衛とかはそれぞれがするべきだけど、どんどん情報がつながってきて、いろんな国が理解し合えるようになるときが必ず来ると思うんです。だから短視的に日本に閉じこもった発想ではなくて、発展的思考でいられるかどうかが大切。たとえばノーベル賞を受賞するような研究など、日本人がイノベーションを起こすことは、とても重要なことだと思います。ただ、「日本人だけ」でやろうとするのは、今後は難しくなってくるんじゃないかなと。

金丸 世界中から仲間を連れてきて、一緒にイノベーションを起こす、という発想が必要ということですね。

三木谷 昔のように日本人は手先が器用だとか、製造業のクオリティが高いというだけでは、世界の中で食えなくなってきている。そんな中で、日本の競争力を上げるということは、思考力を上げるということだと思います。ですから、日本は、もっとグローバルなプラットフォームになって、思考力を上げないといけないいんじゃないでしょうか。実際「楽天」でも新規に採用する技術者の70％はグローバル採用です。そして、プラットフォームがグローバル化したときには、日本の安全で四季があって過ごしやすい環境や文化というのは、日本にとってかなりプラスに働くと思います。日本は、働く場所として世界でも最も人気の高い国のひとつですから。

金丸 そうですね。日本人はもっと、自分の国の価値に気づいてもいい。安心と安全という環境はとてつもない付加価値です。世界の優秀な人材が国を選ぶときに命の危険がないことは重要です。このままいくと、日本は自分の付加価値にずっと気づかないまま終わってしまいます。

三木谷 日本では、「移民論」はある意味でタブーなところもあるけれど、きちんと向き合って考えなければならないことだと思います。今後、日本の人口は確実に減っていく中で、外から働きに来てくれることを受け入れて、本当の意味でのダイバーシティになっていくべきだと思うんです。

金丸 国を出て仕事をする人たちの、さらにその二世、三世が、反骨精神でその国でイノベーションを起こすケースって、とても多いですよね。

三木谷 ある意味、日本を代表する経営者の孫さんもそうですよね。

金丸 1980年代、「ジャパン・アズ・ナンバーワン」と言われていた時代。「ビルを建てる」など目に見えるハードを提供するビジネスにおいて、日本はナンバーワンでした。いまはソフトウェアの開発力が問われる時代ですが、それは人間の威力そのものの勝負なんです

対談の舞台『小熊』

よね。つまり、思考力の差です。僕は1980年代、シリコンバレーで、初めて渡米してきたインド人や中国人の方と出会ったとき、正直、プログラミングなんかは全然できないな、と思っていたんです。しかし、彼らは「自分はできる！」と言って組織に入り込んで、連日連夜、それはもう凄まじく学習するわけですよ。入ったときはハッタリなんだけど、1年経つとハッタリじゃなくなっている。もともと潜在能力は高いですから。それで、彼らがITに進出して活躍し、家族を形成し、子どももできた。その子どもたちはアメリカ社会においても、みんな学歴がとても高い。いま、コンピュータサイエンスバリバリの人たちの中には、そうした二世、三世の世代も出始めています。

三木谷 これからの日本がいかにして食べていくか。産

金丸　業競争力会議も、そういう議論を徹底的にしたほうがよいと思います。そして、その本質的な議論をみなに見せていくというのが大事だと思いますね。

■圧倒的な日本のポテンシャルを活かすために

三木谷　そういえば、よくアメリカの友人にも、「日本はもったいない」と言われるんです。日本のポテンシャルに気づけたら、ビジネスチャンスも広がると。たとえば観光資源。日本にはたくさんあるのに活用しきれていないんです。アメリカは基本的に観光できる場所といえばナショナルパークか、ディズニーランドくらいしかないと思うんですよ。それでも観光客である訪米外国人の数は、年間で７０００万人を超えています。一方、日本は２０１６年で年間２４００万人という状況ですが、ポテンシャルを考えたらこの規模ではもったいないと思うんです。日本こそ、1億人を目指してもいいんじゃないでしょうか。訪れた人たちが1人10万円を使ったら……。

金丸　10兆円もの経済効果がありますね。しかも、10万じゃやすまない（笑）。

三木谷　だから、なんでもっとやらないのかなと。そんな莫大な利益は、日本の会社の上位20社を足してもないですよ。日本の国際化のために必要なことのひとつが、ほぼすべての人が英語を理解できることだと思うんです。そのために、まず楽天がサンプルとなってやり遂げたのが「社内公用語の英語化」。僕はこれが自分のこれまでやったことの中で、最も世の中に貢献したことのひとつだと思っています。

金丸 三木谷さんの行動によって、日本の英語に関する考え方が本当に変わった。学生も真剣に勉強し出しましたね。

三木谷 うちは本当に英語で会議してますから。それに思ったよりは簡単。ノウハウも公開してもいいと思っているんですが、ビジネスに必要な単語は1000もあれば十二分。3年間は苦労するかもしれませんが、いつの間にかできるようになっています。

金丸 あとは誰でもわかる単語があればなんとかなるものですよね。

三木谷 そうですね。ビジネスにおける会話で一番大事なのは結局「up」と「down」なんですから（笑）。楽天でも、英語が喋れるようになったことで、グローバルなビジネスの議論が始まった部署が数多くあるんですよ。言葉が通じるから現地にも気軽に行ってしまいますし。

■若い世代が国を議論する

三木谷 金丸さんが取り組んでいらっしゃる農業改革はどのような状況なのでしょうか？

金丸 日本の農家が作る野菜、穀物、畜産物などは、世界を見渡しても最も価値が高いものだと思います。競争相手がいないくらいの質の高い作品だと思います。蓄積型の技術だからそう簡単に真似できるものでもない。それを日本の消費者が認めずに、安くていいものだけを求め続けて、日本の農業生産者に利益が生まれないのであれば、国内に固執せずに付加価値を認めてくれる世界を相手にしたほうがいい。

三木谷 本当にそうですね。絶対に戦えるはずです。

金丸 若い人たちは、もっとそういう議論をしていくべきだと思います。いま、香港の学生たちが巨大政府と戦っていますよね。日本で言うと、昔は安田講堂で東大の学生と機動隊とがぶつかった。若気の至りかもしれないけど、そういうエネルギーがあった。ところがいま、若い人たちはいまの大人が野放図に使う社会保障とか医療費だとか、ツケを払わされる立場にいるにもかかわらず、まったく無関心だし、無気力で行動も起こさない。それで消費税も上げられる。いまは８％が10％になるかどうかを気にしているけど、その消費税や税金がどこに使われているかということに対しては無関心。国をどうするか、ということを若い人たちで議論すべきですよね。ぜひ、三木谷さんが代表理事の新経連が、若い人に正しい情報を伝えて、世代間を縦につないでいくことをミッションのひとつとして取り組んでいただければ、日本にとって素晴らしい未来が待っているのではないかと思います。

■インターネットの第二次革命で、創造し得なかったチャンスが生まれる

金丸 いま、プライベートと仕事、それぞれで最大の関心ごとはどんなことでしょうか？

三木谷 プライベートではスポーツが好きなので、いまはとくに山登りをやっています。谷川岳を楽天の執行役員や事業長たちと登ったりして。

金丸 そういうの好きですよね（笑）。なんか、リチャード・ブランソン※に似てきていませんか？そのうち気球に乗ったりして（笑）。

三木谷 上級、中級、初級コースがあって、上級に行くんですよ。1400メートルの崖を上がるんですが、本当に崖なんです。

金丸 あと、なんといっても三木谷さんはゴルフがお上手です。僕が見た中で一番ゴルフがうまい経営者です。

三木谷 調子いいときは、ですね。石川遼くんに勝ったことありますからね(笑)。仕事では、インターネットにおける第一次革命はそろそろ終わって、これから第二次革命が始まるという状況ですよね。その流れの中で、いわゆるコネクテッドデバイスが普及し始めることに興味を

持っています。

金丸 そう。クルマから何から、すべてのものがインターネット接続機器になる可能性がある。

三木谷 ライフスタイルに大きな変化をもたらす技術ですよね。そういったことに伴って、とくに金融に大きな革命が起きるんじゃないかなと感じているんです。決済方法も多様化しています。ビットコインの普及など、その兆候は感じますよね。

金丸 大きな転換期を迎えているいま、ビッグチャンスなんて言葉で形容しきれないくらいの大きなチャンスが日本人全員に訪れている。

三木谷 それを感じることはすごく重要だと思います。あとは行動するか、しないかです。これから夢のような、想像しきれないような世界が訪れようとしているわけですから。その実現のためにも、もっと未来を発展的に考えるべきです。インターネットの技術革新に対して、「これはどうなっていくんだろう？」とワクワクしながら、これから世の中がどうなっていくのかを考えてほしい。時代の可能性をもっとニューリーダーたちに感じてほしいと思っています。

※リチャード・ブランソン…イギリスの実業家。ヴァージン・グループ創始者で現・会長。〝空〟の冒険家としての一面をもつ。

SPECIAL TALK 04

オテル・ドゥ・ミクニ
オーナーシェフ

三國 清三氏

PROFILE

1954年北海道生まれ。現在は東京四谷の『オテル・ドゥ・ミクニ』をはじめ、全国14店舗を展開。「ソシエテミクニ」代表取締役。日本フランス料理技術組合代表。称号は美食学名誉博士。公益財団法人東京オリンピック・パラリンピック競技大会組織委員会顧問、2015年には東京ブランドアンバサダーにも就任。

Special Talk 04

オテル・ドゥ・ミクニ
オーナーシェフ

三國 清三氏

成長の速度を速めるには、人の何倍も自己犠牲を払うのみ

いまや日本を代表するフランス料理人として、世界を股にかけ活躍する三國シェフ。

北海道の小さな漁村で豊富な海の幸に恵まれて育った三國少年は、札幌で洋食に出合い、運命が一変。夢中で飛び込んだ料理の世界には、何をするのが正解かもわからない下積み時代があった。

三國シェフが不遇な環境から抜け出し、新たな未来を切り拓くことができたのは、驚くべき行動力と、一度決めたら人の何倍も努力し、やり抜く粘り強さがあったからである。

人生には、自分の思い通りにならない環境に身を置かねばならないときが必ずある。ピンチを抜け出し、目の前に現れたチャンスに一瞬で反応する。その反射力こそが、自分が理想とする人生を歩むための手助けとなるのだ。三國シェフのエピソードには、夢を現実にしていく生き方のヒントがたくさん詰まっている。

金丸 本日はお越しいただき、ありがとうございます。とはいえ、対談の場所が三國シェフのお店なので、私が招かれる側ですね。

三國 こちらこそ、よろしくお願いいたします。この『ミクニ マルノウチ』は、100％東京の食材を使ったレストランです。今日は金丸さんに、ぜひ自慢の料理を召し上がっていただきたくて。

金丸 とても楽しみです。でも、全部東京産とはすごいですね。そんなことできるんですか？

三國 できますよ。お肉も野菜も調味料も、どんな食材も東京で揃います。八王子でゴーヤを作ったりしていますからね。

金丸 それは知りませんでした。ところで、私と三國シェフは1954年生まれと、同じ午年生まれなんですよね。

三國 僕は北海道、金丸さんは鹿児島と出身は違いますが、同じ時代を生きてきました。

金丸 私は三國シェフのライフストーリーが大好きでして、今日はいろいろと聞かせてください。

■北海道の田舎町で育つ。貧乏だが、食には恵まれていた

金丸 お生まれは、北海道のどちらですか？

三國 増毛町《ましけちょう》という日本海に面した小さな町です。高倉健さん主演の『駅 STATION』という映画の舞台にもなりました。

金丸 ご家族は何人ですか？

三國 7人きょうだいです。おやじは漁師、おふくろは農家をしていました。昔はニシンがよく獲れていて、増毛には国の重要文化財にもなっている、ニシン御殿があるんですよ。

金丸 では、お父様もニシンで相当稼がれたのでは？

三國 それが、僕が生まれた頃には、まるっきり獲れなくなったそうで。

金丸 何が原因で？

三國 自然現象としか言いようがないですね。とにかく突然パタっといなくなって、御殿どころか貧乏のどん底でした。

金丸 大家族だと大変だったでしょう。

三國 きょうだい全員高校に行けなくて、みんな中卒。でも目の前が海だったから、食べ物だけは豊富でしたね。浜辺に打ち上げられたホヤをおやつ代わりに食べたり、アワビやウニを食べたり。ウニなんて毎日だから飽きてしまって、焼いたり蒸したり工夫してました。

金丸 本当に贅沢ですね。

三國 食べ物の英才教育ですよ。中でもホヤは、僕にとって特別で。

きょうだいたちと撮影した写真（三國シェフは前列左から１番目）

金丸　というのは？

三國　人間の舌は、甘い、酸っぱい、しょっぱい、苦い、うま味の5つの味を感じられるんですが、そのすべての味があるのは、ホヤだけなんです。

金丸　そうなんですか!?　確かに複雑な味わいだとは思います。

三國　〝海のパイナップル〟とも言われていますよね。そのホヤを毎日食べたおかげで、僕の味覚は鍛えられました。人間は五味を感じることで、見る、聞く、嗅ぐ、触る、味わうの五感が開花する、と言われています。フランスの研究では、12歳頃までに五味を体験していない子どもは、体験している子どもに比べて、感受性が乏しいという結果も出ています。

金丸　味覚は、人の成長に大きな影響を与えるんですね。

三國　そうなんですよ。小さい頃に五味を感じて味覚を発達させることで、その後の人生が豊かになる。すごく重要なんです。

■いざ、札幌へ！　ハンバーグとの出合いが、運命を変える

金丸　ところで子どもの頃は何になりたかったんですか？　将来のイメージはありましたか？

三國　まったくなかったです。兄も姉も中学を卒業すると出稼ぎに行き、実家に仕送りをしてくれました。でも僕はどうしても高校に行きたくて。中学の先生に相談したら「札幌の米屋に丁稚奉公に行けば、寝るところもご飯もあるし、お金ももらえる。夜間学校に行ける」と教えてくれました。手に職をつけないといけないし、料理人だったら一生食っていけるだろうと思って、調理師学校を目指したんです。食べ物の近くにいれば死にやしないからいいや、くらいの感覚でした。

金丸　それで、札幌に行くわけですね。

三國　15歳のときですね。昼は米屋で働き、夜は学校に通うという生活が1年半続きました。

金丸　当時はフランス料理どころか、洋食も珍しい時代です。なぜフランス料理の道に進まれたんですか？

三國 米屋の娘さんが栄養士をしていて、故郷の増毛では見たこともない料理をいろいろ作ってくれました。お肉もたくさん出てきた。お肉って、実家では1年に1度しか食べられないんですよ。家族全員が揃う正月に、みんなで『松尾ジンギスカン』に行って、やわらかい羊肉を食べる。それはもう美味しくて。

金丸 三國少年にとって、肉といえばジンギスカンだったんですね。

三國 そうそう。そんな僕の目の前に、ある日〝ハンバーグ〟なるものが出てきた。「なんだべ？」って思いましたよ。あれって挽き肉だし、ソースが黒いじゃないですか。その頃の僕は挽き肉なんて知らないし、「黒い食べ物は、毒だから絶対食うな」と言われて育ってきたから、直感的にこれは危険だ、と思ったんです。

金丸 子ども心に染みついていたんですね。黒は毒だと（笑）。

三國 そうですよ。だから、米屋の人たちは、僕にこのハンバーグなる毒を食べさせて、口減らししようとしている、と本気で思いました。当時は不景気だったし。でも周りを見ると、みんな美味しそうに食べている。すごく腹も減っていたんで、恐る恐る箸を入れてみたんです。

金丸 そしたら？

三國 ブワーッと肉汁が出てきて、「ええっ？」って、びっくりしました。でも恥ずかしくて周りに言えないから、こっそりソースを舐めてみた。そしたら、甘酸っぱい味が口いっぱいに広がって。初めての体験でした。それでみんなの真似をして、ハンバーグにソースをつけて食べてみたら、それはもう未知との遭遇で。

金丸 美味しい、と素直に思えましたか？

三國 美味しいというより、甘酸っぱくて肉が柔らかいことに驚きましたね。だって、ジンギスカンよりやわらかいんですよ。噛まなくてもいい。だから、思わずお姉さんに聞いたんです。「これはなんだべ？」って。

金丸 そうか。そのときは、まだハンバーグって知らないから（笑）。

三國 そう、増毛にはなかったから(笑)。それで、ハンバーグだと教えてもらい、私の人生が決まった。「こういう料理を作りたい」と思ったんです。

金丸 運命を変えた瞬間ですね。

三國 純粋に「ハンバーグを作る料理人になりたい」と思いました。すると、お姉さんが「私のハンバーグも美味しいかもしれないけど、『札幌グランドホテル』のハンバーグなんて、私の100倍美味しいのよ」と。

金丸 そう言われると気になります。

三國 ですよね。僕は子どもだったから、『札幌グランドホテル』に行けば、すぐにでもハンバーグが作れると思い込んだわけです。だけど、すぐにお姉さんから「あそこは高卒以上じゃないと入れない」と言われ、無理だとわかった。でも僕の頭の中は、もうハンバーグでいっぱいで。あとはどうやったら入れるかだけを考えるようになりました。

■驚くべき行動力で憧れの職場で働くことに

金丸 それで、何かよい方法はあったんですか？

三國 いや、まったくありません。コネも紹介もないし。それで、どうしたらいいべ、と悶々と過ごしていたとき、調理師学校の卒業記念に、『札幌グランドホテル』でテーブルマナーの講座を受けることになったんです。最後に厨房見学があると聞いて、「僕にはこのチャンスしかない」と決意しました。

金丸 で、何をしたんですか？

三國 全員で52人いたと思うんですが、その一番後ろの列にいて、厨房見学のときに途中ですっと洋食のキッチンに隠れました。

金丸 すごいですね！

三國 そのまま30分ぐらい隠れていたんですけど、真正面にデスクワークをしている大柄な男の人の後ろ姿が見えました。様子を見ていると、どうやら偉い人のようで。それで僕はすっとその人の後ろに行って、声をかけたんです。

金丸 いきなりで驚いたでしょう？

三國 そりゃもう。振り向いて、びっくりしていましたね。「なんだ、お前、どっから来たんだ！」って。僕もビビッてしまって、つい「増毛から来ました」と答えました（笑）。そしたら「なんで、そんな遠いところから」という話になり。

金丸 その方は、予想通り偉い方だったんですか？

三國 はい、青木さんという、『札幌グランドホテル』の初代総料理長の息子さんで、実力もナンバーワンでした。それで「どうしてもここで働きたい。何でもやるから、ここに置いてくれないべか」って頼んだんです。自分は中卒だけど、何でもやるからと。

金丸 まるでドラマを見ているようです。

三國 とにかく必死にお願いしていたら、「わかった。ちょうど従業員食堂の飯炊きに欠員が出たから、そこにパートとして入るか？」と聞かれまして。まだ子どもだし、かわいそうにと思ったんでしょうね。

金丸 そうして仕事にありついたわけですね。

三國 次の日から働き始めたんですが、従業員だけで何百人もいるんで、とんでもない量のご飯を炊くんですよ。

金丸 大変だとは思わなかったんですか？

三國 まったく。むしろ夕方6時に晩ご飯を出し終わったら、何もすることがない。だから、ホテルの洗い場に手伝いに行っていました。山ほど溜まった洗い物を、10人くらいの若い料理人が毎晩2時間かけて洗っていたんです。それを僕が代わりにやるもんだから、みんなすごく喜んでくれて。夜のすすきのに連れていってもらい、ラーメンをご馳走になっていました。それに味をしめて、半年ぐらいやっていましたね。

金丸 すごいエネルギーですけど、お金はもらえたんですか？

三國 いやいや、お金なんていらないです。そうやって、がむしゃらに働いていたら、ある日、青木さんに人事課に連れていかれ、特例で正社員にしてもらえました。

金丸 青木さんも三國シェフの働きを認めていたんですね。

■特例で正社員として採用。がむしゃらに働く日々

金丸 正社員になると、生活や待遇は変わったんですか？

三國 社員用の寮が与えられましたが、一度も帰りませんでした。

金丸 それはどうして?

三國 夜はずっと料理の練習をしていたからです。夜の12時から朝6時まで、その日に見聞きした料理を復習し、少し寝たらまた仕事する、という毎日を送っていました。

金丸 たとえばソースの味とか、どうやって覚えるんですか?

三國 レシピなんて教えてくれないんで、昼間に盗んで味見しておいたのを、夜中に再現して作る。その繰り返しです。

金丸 それだけ練習していれば、仕事もあっという間に覚えたのでは?

三國 そうですね。人の何倍もやっていたから、手が早くなるわけですよ。上から「清三、オムレツできるか?」と聞かれたら、「はい、できます!」と答えてパパッと作る。みんなに驚かれました。18歳のときには、ほとんどの仕事ができるようになり、メインダイニングの総料理長の仕事も代わりにやっていましたね。

金丸 18歳でそこに辿り着くとは……。努力はもちろんですが、才能もあったのでしょう。

三國 料理の世界というのは、厨房に入れば学歴は関係ありません。とにかく手が早くて、美味しければ勝ち。それが性に合っていたんでしょうね。

金丸 まさに実力主義ですね。

三國 でも、僕も若かったので調子に乗ってしまい、先輩に生意気な態度をとって、よくケンカしていましたよ。「お前、いい気になるなよ!」と罵倒されたこともあります。そんなときに、先輩から「東京には『帝国ホテル』という日本一のホテルがあって、そこにお前なんか足元にも及ばない料理の神様がいる、そこに行って鼻をへし折られてこい」と言われたんです。

金丸 その神様というのが、『帝国ホテル』の村上信夫料理長だったんですね。しかし、青木さんが出ていくことを許さなかったのでは?

三國 そこは、私の性格をよくわかってくれていて、「お前は一度言い出したら、絶対に折れないから」と紹介状を用意して、『帝国ホテル』に便宜を図ってくれました。

金丸 やはり頑張っていると、その頑張りを見て、次のステージに引き上げてくれる人がいる。いままでお話を伺ってきた成功者に共通するエピソードです。

■帝国ホテルで初めての挫折。そこから大逆転を遂げた人生訓とは

三國 そうして18歳で上京したのですが、いざ帝国ホテルに行っても、すぐ社員にはなれませんでした。上京した昭和48年は、ちょうどオイルショックの影響を受けた年で、希望退職者を募っている状況でした。社員になって厨房に立つには、洗い場から始めて、とにか

く順番を待つしかなかった。

金丸 あれだけ料理を作れるのに、また洗い場ですか？『帝国ホテル』となると、やはり全国から働きたい人が集まるんでしょうね。

三國 そうですね、僕の順番は42番目でしたから。『グリル』という当時のメインダイニングの洗い場で働き始めて、あっという間に2年が過ぎました。僕は8月が誕生日なんですけど、20歳を迎えたのに、まだ洗い場にいて何も変わらない。人生で初めて挫折を味わいましたね。どれだけ頑張っても、報われないこともあるんだって。

金丸 このまま順番が回ってこないかも、と思ったりしたんですか？

三國 実は、もう増毛に帰ろうと思っていました。そう8月に決心して、12月に辞めるつもりでいたんです。だから最後にヤケクソで、「ホテルにある18のレストランの洗い場をすべて手伝わせてくれ、お金はいらないから」と直訴しました。ここで働いた証しに、全部のレストランの鍋をピカピカにしてやろうと思って。

金丸 普通はそんなことしませんよ。辞めるんだから。

三國 あそこで腐っていたら、たぶんいまの自分はないでしょうね。そうして3カ月ぐらい経った頃、いきなり村上料理長から料理長室に呼ばれたんです。ああ、いよいよクビだと思って訪ねたら、こう言われました。「年明けから、スイスのジュネーブの大使館のコック長

対談の舞台『mikuni MARUNOUCHI』

になってくれ。650名の中で、一番腕のいい料理人を推薦してくれと言われたから、君を推薦した」と。

金丸 まさかの大逆転！

三國 一瞬何を言われているのかわからなくて。でも「行きます！」と即答しました。

金丸 やはり見ている人は、見ているんです。津軽海峡を越えるのに精一杯だった青年が、いきなりスイスとは。

三國 そうですよ。ジュネーブも知らないのに（笑）。そして村上料理長からは、「10年後には必ず君たちの時代がくる。だから10年間は、ヨーロッパでしっかり修業してきなさい」と言われました。大使館に勤めれば身分が保証されるし、お給料ももらえる。休みの日には食べ歩きをしたり、美術館を巡ったりして自己投資をしなさい、と。大使館は通常2年契約なんですが、結局4年勤め、その後は天才料理人と言われるフレディ・ジラルデ氏の元で学んだり、フランスの三ツ星レストランで働いたりして修業に励みました。

金丸 村上料理長は、三國シェフの動きや塩の振り方などを見て、そのセンスを見抜き推薦されたと伺っています。ご自身ではなぜ選ばれたのだと思っていますか？

三國 これは後から知ったことなんですけど、おそらく村上料理長は、僕に自分を投影しておられたんだと思います。というのも、村上料理長も貧しい下町の出身で、帝国ホテルのシェフになりたくて、18歳から20歳までずっと皿洗いをしていたそうなんです。

金丸 三國シェフに同じにおいを感じ、継承者だと思われたんでしょうね。

三國 村上料理長は84歳でお亡くなりになられたのですが、一度ご自宅を訪問した際に、家族の方から「うちの父は、家では仕事の話は一切しなかったけど、三國シェフのことだけは、『スゴいヤツがいる』と話していたんですよ」と伺いました。

金丸 それは光栄ですね。

三國 僕らはものづくりをする職人ですから、教わったものは覚えられません。反対に自分が盗んだものは、〝皮膚に入っていく〟。身につくとかじゃなくて、皮膚に入っていくんです。そうなるためには、時間をかけるしかありません。よく若い料理人に言うのですが、3

年修業して店をやったら3年しかもたない。5年なら5年しかもたない。でもその5年の間に、自分を成長させることができれば、寿命は延びていくと。とにかく成長の速度を速めるには、人の何倍も何十倍も自己犠牲を払ってやるしかない。時間は嘘をつきません。

■フランスの最高勲章を受章。日本を代表する料理人に

金丸 三國シェフのお話を伺っていると、そのときそのときは先がまったく見えないのに、決断し突き進んでいくことで、ある日突然道が拓けるという感じがします。点でしかなかったものが、その後、線につながっていくというのは面白いですね。

三國 振り返ると、とにかく目の前のことを、必死にやってきました。野心とか欲とかなくて、ただひたすらやり続けてきた。だからこそ、いまの自分があるのだと思います。

金丸 帰国後は30歳で『オテル・ドゥ・ミクニ』をオープンし、「世界のミクニ」として第一線で活躍されています。いまでは数えきれないほどの肩書と実績をお持ちですが、中でも2015年に受勲された、レジオン・ドヌール勲章シュヴァリエ（1802年にナポレオン・ボナパルトが創設したフランスの最高勲章）は、日本の料理人初ということもあっ

て、非常に話題になりましたね。

三國 ありがとうございます。これには実は布石があって、2013年の日仏首脳会談の際、首相官邸で行われた安倍晋三首相とのワーキングランチを任されたのが、きっかけでした。

金丸 あのときは、日本のフランス料理のレベルの高さを全世界に示すことができた出来事でしたよね。オランド大統領も「安倍首相がフランスにいらした際に、エリゼ宮（大統領府）でどのような料理を出すべきか、直ちに検討に入りたい」とコメントしたほどです。

三國 （ワーキングランチの話があったとき）はじめは当然、日本料理でいくと思っていたんですが、安倍首相から「フランス料理でいこう。三國さん、頼むよ」と言われまして、どうしようかと考えましたね。それで、日本料理も取り入れた7品のコース料理がいいんじゃないかと。和食の料理人や日本で活躍するフランス人シェフ、パティシエなど日仏7人の料理人のコラボレーションということで、『菊乃井』の村田吉弘さんや『エスキス』のリオネル・ベカさんらにご協力いただきました。それに、オランド大統領と安倍首相は同じ1954年生まれなので、その年の最高級のデザートワインをソムリエの田崎真也さんに選んでもらいました。

金丸 そういった経緯もあっての受章だったんですね。

三國 安倍首相もその後すぐにエリゼ宮に招待されて、おもてなしを受けたそうですよ。

金丸　食事やおもてなしが外交に影響するというのは、いいお話です。

三國　フランスの歴史の大半は、そういう部分で成り立っていますからね。

■2020年に向けて、日本の食文化を伝える役割

金丸　三國シェフは、2020年の東京オリンピック・パラリンピックにも関わっていらっしゃいます。日本の食文化の多様性を世界にアピールする最高のチャンスですね。

三國　そうですね。オリンピックに関する食は基本的に、すべて日本産の食材で賄わなければなりません。しかも、オーガニックに準ずることという条件がついている。非常にやりがいがあるし、これから楽しみです。ちなみに、1964年の東京オリンピックでは、村上料理長が選手村の料理長を務めたんですよ。

金丸　それはまた縁が巡りますね。

三國　当時集めたシェフは約400人、ロンドンオリンピックは800人。2020年には1500人が必要だと言っているので、すでに全国各地で勉強会を始めています。

金丸　日本流のおもてなしで、世界を魅了してほしいです。最後に、今後の夢を聞かせてください。

三國　子どもたちへの食育をライフワークにしていきたいですね。実は2000年から「KID

Sシェフ」という、子どもたちの味覚を育てる教室を開いているんです。子どもたちと一緒に地元の食材を使って、コース料理を作ったりしているんですが、とても楽しいですよ。もっと全国の学校を回って、味覚や食の大切さを伝えたいですね。それに食育の原点って、やっぱり感謝の気持ちじゃないですか。食育を通じて、子どもたちに思いやりの心が育ってくれればいいなと思っています。

金丸　食は人生を豊かにしますからね。

三國　あとは、常に自然体でいたいなあと思います。私の場合、欲を出してああしよう、こうしようと思うと、たいてい失敗しているんですよね。なのでこれ以上、地位が欲しいとかお金持ちになりたいとか、そんなことは望まないようにしています。

金丸　目の前のことに一生懸命取り組むことで、自ずと道が切り拓かれていく。まさにそれを体現されている生き方だと思います。同じ時代の変化の中で、私も前だけを見て突き進んできたので、共感するところがたくさんありました。本日は誠にありがとうございました。

SPECIAL TALK 05

株式会社イー・ウーマン代表取締役社長／
株式会社ユニカルインターナショナル代表取締役社長

佐々木かをり氏

PROFILE

ダイバーシティの第一人者で、APEC、OECD等国内外での講演は1500回を超える。日本最大級の「国際女性ビジネス会議」プロデューサー・実行委員長も務める。上場企業の社外取締役、内閣府・厚生労働省・総務省等政府審議会委員、博物館・財団等の経営委員・理事等、活躍の幅も広い。時間管理『アクションプランナー』手帳も人気。メディア出演・著書も多い。

公式 HP：www.ewoman.jp

Special Talk 05

佐々木かをり氏

株式会社イー・ウーマン
代表取締役社長

多様性が求められる時代だからこそ自分流の視点を持つことが重要

働く女性の声を代弁するだけでなく、自らがアイコンとなり、世界中で活躍し続ける佐々木かをり氏。大学卒業後に起業し、現在は株式会社イー・ウーマン代表のほか、何役もの公職を歴任し、上場企業の取締役も務める。

こうしたプロフィールを見ると、さぞや華麗なる幼少期~学生時代を過ごされたであろうと思いきや、奨学金とアルバイトで稼いだお金を学費にあて、勉学に励んだ苦学生だったとのこと。

佐々木氏は、目の前に突如現れた、ピンチにもチャンスにも即座に反応し、自分が決めた道を信じて突き進んできた。そのシンプルかつ力強い人生の切り拓き方は、男女を問わず若い世代のよき指針となるはずである。

これまで以上に多様性が求められる時代、確固たる自分の意見を持ち、表現し続けること。その重要性が、体現者の口から赤裸々に語られている。

金丸　佐々木さんといえば、語学が堪能というイメージがありますが、いつ頃から語学に興味を持たれたのでしょうか？　佐々木さんは、確か横浜のお生まれでしたよね。

佐々木　横浜で生まれて横浜で育ちました。母の妹がアメリカ人と結婚し、一時期、日本に住んでいたので、英語しか話さない従兄弟との出会いが、私の英語との最初の関わりでした。また、わが家の裏にはイタリア人が住んでいたりもしました。日本語が流暢な方々ではありましたが。

金丸　インターナショナルな環境だったんですね。佐々木さんは、私の中では優等生なイメージがとても強いですが、実際に小さい頃から優等生だったんでしょうか？

佐々木　とんでもありません。人生の中で一度も優等生だったことはありませんよ。

金丸　それは意外ですね。

佐々木　でも、似たようなことを言われることがあります。わが家は裕福ではなかったので、高校1年生のときにアルバイトを始めてからは、経済的に親の支援を一切受けていないんです。大学の入学金も授業料も自分で払いました。大学4年のとき、育英会の奨学金制度が導入され、面接を受けたんですが、私の親の収入だと、通常枠より低い特別枠の申請だったんです。しかし、面接官から「あなたを見ていると、書類に書かれているような貧しさを全然感じない」と言われまして（笑）。よく見ると、面接に来ている他の学生は下駄を履いて、ボロボロのTシャツを着て奨学金をもらいに来ているのに、私はきちんとした身なりだったんです。実は500円の布で縫ったスカートだったんですが、とてもオシャレだったんですね。これはしまった、と思いました（笑）。

金丸　悲壮感がなかったんですね。

佐々木　はい。ところが、それがとてもいいと評価していただき、特別支援枠の奨学金をいただくことができました。

金丸　ご自身としては、経済的に恵まれてないということを、どのように捉えていたんでしょうか？

佐々木　これがまたとぼけていて、恵まれていなかったことを最近知った、という状態です。

金丸　それは大変興味深いですね。なぜそう感じられたのでしょうか？　お父様は実業家でいらしたんですか？

佐々木　日本にまだドライクリーニングがないときにお店を開いて、大変繁盛していました。でも、株の取引でいまに換算すると何億円も失ってしまい、買った土地もお店も手放しました。小学校5年生、6年生ぐらいだったと記憶しています。突如一軒家から、家賃3000円の住宅供給公社のアパートで暮らすようになったんです。ただ、私の両親の素晴らしいところは、私にそういう不遇な状況下であることを、決して感じさせなかっ

ご自宅前でお母様と一緒に

たこと。だから、一軒家からアパートに引っ越したのに何も悲しさはなくて、1カ月ぐらい経ってから、「あれ、私のピアノは?」と質問したぐらいです(笑)。そもそも貧しいと思っていなかったので、苦しくはなかったですね。

他の人と同じであることを望まなかった学生時代

金丸 佐々木さんは、どんな高校生だったんでしょうか?

佐々木 ユニークだったと思います。中学からの話になりますが、私が通っていた横浜国立大学教育学部附属横浜中学校は、卒業すると同じ敷地内にあった県立高校に進むのが一般的でした。いずれ、附属高校になる予定だったようですが、私たちの学年のひとつ前でその高校が移転してしまい、どこの高校に進むかを考えなくてはならなくなったんです。そのとき「みんなと違う道を歩きたい」と思い、珍しい高校を探しました。当時、公立高校で、普通科でも職業科でもなく、日本で唯一「外国語科」があった神奈川県立外語短期大学付属高等学校（現・神奈川県立横浜国際高等学校）を見つけ、興味を持ったんです。英語教育が豊かで、第2外国語としてフランス語かスペイン語を学ぶことができる。そして、校則がない、制服がない、上履きがない、時計がない、ベルがならない、というところにも惹かれて（笑）。外国人の先生もいっぱいいる学校でした。

金丸　横浜ならではの自由な学校ですね。

佐々木　はい、あまりに特殊なので、全県学区といって、神奈川県民なら誰でも応募できる学校でした。ですから語学に長けたすごく優秀な人が県内から集まっていました。入学時に英検1級を持っている人も多かったですからね。そんな学校ですから、私の英語の成績はいつも平均以下。ビリから2番目のこともありました。英語の先生に「佐々木さんはさすがだねえ。絶対ビリにならないんだから」なんて嫌みを言われたり（笑）。その後、大学受験の頃は、大学に興味を持てませんでした。アルバイトで貯めた自分のお金で進学するのに、行きたい大学がないと思っていました。日本の大学生は遊んでいるイメージしかなかったんです。でも、そんなとき、上智大学の外国語学部に比較文化学科が誕生し、英語だけで授業が行われ、アメリカの大学のように厳しい環境で勉強できると聞きました。それも、一般の大学受験をせず、TOEFLとSATとエッセイ、面接といったアメリカの大学入試と同じ受験方法で入学審査が行われると。「これだ」と思ったんです。みんなと違う道を見つけたと。

金丸 何か、高校進学と似たものを感じますね。その頃はどのようなアルバイトをされていたんですか？

佐々木 高校1年生のときは、コンサート会場でコンサート案内チラシを配るアルバイトをしていました。その後、会場内でプログラムなどの販売を手伝ったり、楽屋でミュージシャンのサポートをしたり。ほかにも、日英での会場アナウンス、あとは、夏の野外コンサートの事務局の仕事などをやっていました。結局9年間、ずっと同じ会社にお世話になりました。

金丸 普通は女子学生がアルバイトをやるとなると、ファミレスや喫茶店、レストランになりがちです。

佐々木 そうですね。でも、お店での立ち仕事や、シフトが組まれる仕事は学生には合わないと思ったんです。試験のときに困るかな、と。そこで、自分で電話帳をめくって、音楽関係の会社を探し、電話して、アルバイトを見つけたんです。

金丸　お話を伺っていると、佐々木さんのもとには、いつも突然変化が訪れているように感じます。そして、変化を受け入れ、すぐに行動を始めている。その行動を始めるときの思考が、とてもシンプルで正しいと思うんですよね。

佐々木　正しいかはわかりませんが、確かにとてもシンプルですね。そのとき与えてもらったもの、目の前のことに、いつも全力で取り組んでいました。私の人生は、いまもそうです。

金丸　しかも、他の人と同じであることを望まない。むしろ、違うことを好むというわけですね。

■親戚から借金をして海外留学へ

金丸　その後は、アメリカに留学されました。初めての海外が、いきなり留学だったということでしょうか？

佐々木　はい、海外旅行もしたことがありませんでした。そして、自分の経済事情を考えれば、海外留学は難しいだろうと思っていました。ですから、通っていた語学学校の掲示板で「アメリカの大学への奨学生をひとり募集する。大学の単位取得可」という案内を見たとき、これが人生において最初で最後の海外旅行のチャンスだろうと思って応募したん

佐々木氏　20歳アメリカ留学中

です。ところが、面接を受けるとき、奨学金は授業料だけで、旅費と生活費は自費だということに気づいて、経済的な理由から辞退しようとしたんです。そんなこともあり、結果発表も見に行きませんでした。そうしたら、「あなたに決まったのに、どうして手続きに来ないの?」と、学校から怒られてしまって。「お金がかかるって知らなかったんです。留学できないかもしれません」と伝えたら、「1週間あげるから親と相談しなさい!」と。両親に相談したところ、「難しい」とのこと。その代わり、叔母に話してくれて、結局叔母から借金をして行くことになりました。もちろん、借りたお金は帰国後に働いて、叔母に返済しました。

金丸　留学されたニューヨーク州のエルマイラ大学は、どのような大学だったんでしょうか?

佐々木　アメリカで最初の女子の4年制大学で、設立に作家のマーク・トウェインが関わったという、とても由緒ある、歴史のある大学でした。ちなみに、2008年、創立150年目の卒業式にてコメンスメント・スピーカー（式辞）を務めさせていただき、なんと名誉博士号の称号もいただきました。

金丸　それは素晴らしいですね。大学生活を終えていよいよ社会人になるわけですが、最初から通訳の仕事に就かれたんですか？

佐々木　大学時代は、無遅刻無欠席で厳しい少人数授業に臨み、授業料や生活費のためのアルバイトに集中した生活だったので、学校に就職課があることすら知りませんでした。おかしいですよね(笑)。ただ、アルバイトをしていた会社からお誘いをいただき、卒業後一時、正社員として働いていました。

金丸　英語を使ったキャリアはそこからでしょうか？

佐々木　いいえ、その少し前でした。仕事でお世話になった方から、ある週末「いますぐ品川プリンスに来て通訳をしてくれ。上智に通っているんだからできるだろ！」と言われて。それで、現地に行ってみると、なんとドゥービー・ブラザーズ（1970年に米国で結成された人気ロックバンド）の通訳だったんです。

金丸 え！ 僕は学生時代、コピーバンドをやっていたのでドゥービー・ブラザーズとイーグルスを追いかけて、ロスまで行ったことがあるんですよ（笑）。サインとか写真は持ってないんですか？

佐々木 持っていません（笑）。そういったところが雇う側としてもよかったのかもしれませんね。いちいち「写真撮ってください」とお願いするような通訳者だったら仕事できませんから。ドゥービー・ブラザーズの仕事は、ラジオ番組のインタビューだったんですが、通訳料として1万円をいただいたんです。当時私のアルバイトの時給が400円ですから、世の中にはこんな仕事があるのかと思い驚きました。その後も、通訳の仕事をいただいたので、当時来日した有名アーティストには、何人もお会いしていると思います。この経験もあり、通訳や翻訳を行う株式会社ユニカルインターナショナルを設立しました。

■会社設立とニュースレポーターとしての活躍

金丸 設立は1987年ですね。起業するときに迷いとか不安とかもあったと思うんですが、いかがでしたか？

佐々木 いいえ、まったくありませんでした。あまり「起業するんだ！」という感覚を持ってはいませんでしたし、失うものもありませんでしたから。それに、会社を大きくしようとも、稼ごうとも思いませんでした。ただ、やりたい仕事が明確に見えていたから、熱心に仕事をしていた、という状況でした。

金丸 起業されたときはご結婚されていましたか？

佐々木 いいえ、独身でした。結婚と子どもはその後ですね。実は、『ニュースステーション』でのレポーターも起業と同じ年から務めさせていただきました。

金丸 佐々木さんというと、レポーターのイメージが強いですよね。内容的に難しい社会派のレポートをなさっていた覚えがあります。

佐々木 本当ですか？　確かに、取材テーマは人権問題などが多かったですね。留学が最初で最後の海外旅行だと考えていたのが嘘のようで、レポーターとしては、1時間で通りすぎた国も数えると、25カ国以上訪れました。でも、都会での取材は少ないです。ちゃんとしたホテルがなく、水道や電気、食べ物がなくても、元気に取材して帰ってくるのがよかったようで、本当にたくさんの国に行かせていただきました。

金丸 コストパフォーマンスがよかったんですね（笑）。

佐々木 フットワークが軽いし、英語も話すし、使い勝手がよかったんでしょうね。危ない場所とか、食べ物がない場所となると、「佐々木だ」と白羽の矢が立ちました。おかげで、フィリピンの山奥でゲリラが隠れて訓練している基地に行って、銃を三方向から頭に向けられてインタビューしたり、マレーシアとタイの国境で、子どもを誘拐しているギャングが潜む国境線での取材をしたりと、びっくりするような経験をさせてもらいました(笑)。ほかにも、モザンビークからマラウイへの回廊では地雷を避ける戦車に乗って数時間取材をしたこともありました。南アフリカではアパルトヘイトの取材を2回して、ヨハネスブルグで足を銃で撃たれ、銃弾の摘出手術をして帰国したこともあります。

金丸 そんな経験をされると、本当にもう怖いものがないですね。

■社会で大事なのは男女の性の多様性ではなく、考え方の多様性

金丸 いまは、国内と海外のお仕事の割合はいかがですか?

佐々木 ユニカルインターナショナルも、イー・ウーマンの仕事も、基本的には国内です。海外には、OECDとかAPECなどをはじめとする様々な国際会議でのスピーチで伺うことが多いです。私が企画・主催している「国際女性ビジネス会議」は、働く女性の会議としては、日本で一番歴史も長く、品質も高く、また規模も大きいんですね。昨年は安倍総理も登壇されましたので、海外からも非常に注目を集めています。ですから、女性

の活躍に関する国際会議などにも呼んでいただく機会が多いです。

金丸　佐々木さんは安倍政権が「女性の活躍」を掲げる前から、ご活躍されています。国を挙げて女性の活躍を促進していこう、という流れについて、どのようなお気持ちでしょうか？

佐々木　総理が、女性の活躍が日本経済を促進する柱であると言ってくださることはとてもいいことだと思います。男女平等でも、社会的責任でもなく、経済の柱であるということを国のリーダーが明言するというのはやはり意味があります。それも、国内だけでなく、海外でも言い続けてくださることが大変重要です。総理の発信で経済界のトップが動きますし、海外でも国連やダボス会議で発言してくださると、海外の要人が聞いてくださるんですね。それがいい意味での、これからの外圧になってくると思います。先日もフランスに講演で行った際、私が金曜の朝の登壇で、その前夜がクリスティーヌ・ラガルド（IMF専務理事）さんでした。ラガルドさんの講演中、突然日本がすごいという話をされたんです。日本の安倍総理が2020年までに、企業などで指導的地位に占める女性の割合を30％にすると発表したことを、会場は知ることになりました。

金丸　それを受けて、佐々木さんはどのようなお話をされたんですか？

佐々木　ラガルドさんが言及されたことは総理にとって、すごくいいプレッシャーになるという話をしました。総理に会ったときに、「あなた言ったわよね」と言い続けてくださるとうれしい、とも。そして聴衆の皆さんに「様々なところで日本企業の人に会うでしょうから、日本は2020年に女性管理職が30%まで増えるんですよね、というプレッシャーを与えてください」とも伝えました。

金丸 佐々木さんは、女性が活躍する時代を先取りしてきました。

佐々木 女性の活躍をテーマにしていたわけではないのですが、結果的にはそうなっていますね。ただ、私のテーマは女性の活躍ではなく、ダイバーシティだということなんです。ダイバーシティとは、最近の企業や社会でのブーム的なキーワードになっていますが、これはブームではなく、本当に大切なコンセプトなんです。私はダイバーシティこそが、経済成長のキーワードであると、講演でも、コンサルテーションでも話し続けています。ダイバーシティとは、多様性という意味ですが、私が大切にしているのは、男女の性の多様性ではなくて、考え方の多様性です。社会や企業の中に多様な視点があることが、グローバル社会での成長のカギだと考えているんです。たとえば、商品開発のときにも、女性が使うとどうか、体の不自由な人が使うとどうか、高齢者が使うとどうか、などといった多様な視点でアイデアを点検したほうが、よりよい商品ができますよね。また、企業経営ではガバナンスを高めることが課題のひとつですが、ボードミーティングでも、そこに10人の役員がいれば10通りの視点でディスカッションができる。そのほうが、ひとつのアイデアしか出ない役員会より健全でしょう。ガバナンスがきいている、ということになります。つまりガバナンスという言葉も、イコール（＝）ダイバーシティだと私は考えています。結局ガバナンスとは多方面からチェックすることですから。日本の経営者や政治家は、多様性が活きるような組織や人事システムを作らなくてはいけないと考えています。

金丸　そのためには何をすればいいとお考えですか？

佐々木　いま、日本では、経済界でも政界でもメディアでも、ディシジョンメーカー（意思決定者）は男性がほとんどです。ですから、女性役員や女性講演者、委員等を増やすことから始める必要があるんですね。イー・ウーマンでは、そういった女性役員などの候補者を紹介するビジネスも始めています。また、２０１８年には、企業で働く人の知識などをはかる「ダイバーシティ・インデックス」も開始する予定です。クオータ制という言葉を聞いたことがありますでしょうか？　役員等、女性の割合を数値化するという考え方なのですが、そういった考え方が議論されるのもそのためです。日本では、男女雇用機会均等法が成立したのが１９８６年ですから、もう30年も経っているのに、働く女性は増えても、決定権を持つ立場になる女性は増えませんでした。自然増はしなかったの

対談の舞台『ブルガリ イル・リストランテ ルカ・ファンティン』

金丸

です。いままでのように男性リーダーたちのお眼鏡にかなう人、同じ働き方をする人たちだけが昇進するのを待っていたら、あと何十年経っても女性リーダーは増えないでしょう。つまり、多様な視点が増えないということです。ダボス会議で有名な世界経済フォーラムが発表しているジェンダーギャップ指数では144カ国中、日本は111位（2016年発表データ）ですからね。ずっと、100位前後を行ったり来たりしています。大きな課題ですし、国際的な話題になっているんです。

本当に長い間、下位ですよね。たとえばすべての会社で5年くらい、女性に社長を替わってもらうというのはどうですかね？　15年もデフレが続いているんですから、5年くらいどうってことないとも思います。

佐々木 そうですね。突然女性社長が増えたら失敗する人もいるとは思いますが、それでも試してみる。成功するようにみんなが全力で支える、というやり方は価値があるかもしれません。成功も失敗も、男性経営者とある程度同じパーセンテージでしょうから。たとえ失敗しても「女性だから」ということを言わないというルールのもとで、いろいろ試してみるのもいいかと思います。経営者やリーダーの視点でのダイバーシティばかり話しましたが、一方で私は働き手である一人ひとりにも伝えたいことがあるんです。多様な時代だから、これから自分は自分らしく生きればいい、このままの自分が活かしてもらえる組織になればいい、などと思ったら大間違いだということです。実は多様性の時代のほうが厳しいと、私は考えています。いままでは会議室にいれば、黙って座っていても給料がもらえました。そして、何年か働いていれば自動的に給料が上がりました。しかし、多様性の時代は10人の人に質問をしたら、10通りの答えが求められる時代なんです。多様性の時代に必要なのは一人ひとりの、自分自身の考え方。自分の視点を述べられなければ、存在価値がないということになります。ですから、各自が自分の視点を鍛えること、思考の幅を広げることが大切です。

金丸 では、自分の考え方を持ったり、思考の幅を広げるには、何をすればいいのでしょうか？

佐々木 イー・ウーマンのウェブサイトに、ダイバーシティ思考を育てるための「働く人の円卓会議」というコーナーを作りました。サイト上に毎週、各分野の議長が立って、様々なテーマでディスカッションをしています。領土問題、国内外の政治、教育、健康、食など、すでに3000テーマ以上。そこでは、投稿ルールに「アイ・ステートメント」というルールを定めているんですね。これは自分の宣言文です。たとえば、「消費税引き上げ、先送りがよいですか？」と問われたときに、自分の意見を言う訓練です。このような訓練がダイバーシティ思考を育てるのに重要だと考えています。「先送りがいいんじゃないですか」などと言わない。「私は先送りがいいと思います。なぜなら……」とか「私は、先送りに反対です。なぜなら……」と、総論を述べず、自分の考えだけに限定して言えるように訓練することが重要なんです。

■自分が選択したことを認識しながら人生を歩いていく

金丸 いまの若い人にとって、英語はどのように取り組めばよいとお考えですか？　どうすれば身につけられるのでしょうか？

佐々木 私が学生の頃は、生の英語をメディアで聞く機会はほとんどありませんでした。しかし、いまはテレビでも、インターネットでも、リアルタイムで英語が溢れています。学ぼうとする人は、たくさん聞いて、リピートすることが大切でしょう。私は時間管理も教えていますから、英語学習の仕方にも具体的なアイデアがあります。ただ、それ以前に大切なことは、英語はあくまで言語だということです。伝えたいことがなければ上達もしないし、会話も面白くありません。ですから、「自分が何を言いたいのか」を深めることが同じように大切だと思います。今日ずっとお話ししてきましたが、「自分の視点」が重要です。これは、自分の考えを曲げないということでも、自分のことばかり話す、ということでもありません。ただ、「佐々木に聞いたら新しい視点での話を聞けて新鮮だった」という評判から、佐々木と喋りたい、佐々木とならいい議論ができそうだと思ってもらえる。質問してもどこかで聞いたことがあるような話しかしてくれなかったら、その人と話をしたいとは思わないですよね。そのためには、たくさんの人と会い、考え、自分流の視点を高めなくてはいけないと思います。

金丸 海外に行くと、自分の意見を必ず聞かれます。私の知人もスイスに行った際に、京都のことを聞かれたそうです。しかし、全然知らないから、馬鹿にされてしまって。日本のことを知って、自分がどうだという意見がなければ、中身のない人間だと思われてしまいます。日常会話の英語ができても、相手にされません。

佐々木 いま、私がいろいろな国や人々から呼んでいただけるのは、私の視点がユニークで、わかりやすいと思っていただけているからだろうと思います。

金丸　10人いて、9人が右に行くと、右に行った人はみな安心しているんですが、実はその分、自分以外の8人と競争しなくてはいけません。

佐々木　私もそう思います。もし自分なら、9人中9番目だと思ってしまいますし（笑）。

金丸　みなが望むような道は激戦区になりがちです。10人中1人だったら、その時点で競争相手はいません。リスクはどちらが高いかというとわからないんです。ひとりということは、己との戦いになりますが、相対的な戦いのほうがストレスも多いものです。

佐々木　私もこれまでの人生で、みんなが行くところには全然行きたいとは思いませんでした。

金丸　先ほど、主語を自分にして、私はこうします、こういう考えですと主張することを、佐々木さんは「訓練」とおっしゃいましたが、僕は「習慣」と言っています。ほんの些細なことでも、毎日少しずつ意識して過ごすことで、結果的に大きく違ってくると思うんです。

佐々木　そうですよね。私も意識して生活しています。

金丸　この人は面白いな、という方の話をお伺いしていると、いつも同じことを感じます。スティーブ・ジョブズは、「そのときはそう思わなかったけど、後で振り返ると点と点がつながって、全部がつながっていく」という話をされていますが、佐々木さんも同じように思われたことはありますか?

佐々木 そうですね。逆にそう思わない理由がないですよね。自分が選択したことを認識したり、認めたりしながら人生を歩いていくことが一番健全ではないでしょうか。過去を振り返って、自分自身が主体的に選んだことを認めて、初めて健全な心になれると思います。いまから思えば、こっちを選んでいればよかったと思うことはありますよ。しかし、そんなことを考えてもしょうがないですからね。バックミラーばかり見ていては、前進してもぶつかります。自分がベストと思って選んだ道の積み重ねがいまの自分なのです。

金丸 おっしゃる通りです。成功も失敗も、自分で選んだ道であれば、受け入れられる。本日はありがとうございました。

SPECIAL TALK 06

カルチュア・コンビニエンス・クラブ株式会社
代表取締役社長兼 CEO

増田 宗昭氏

PROFILE

1951 年生まれ。大阪府枚方市出身。1983 年「TSUTAYA」を創業。1985 年、カルチュア・コンビニエンス・クラブ（CCC）設立。2011 年、「代官山 蔦屋書店」を中核とした複合文化施設「代官山 T-SITE」をオープン。2015 年は「二子玉川 蔦屋家電」を、2016 年には創業の地枚方に「枚方 T-SITE」を、2017 年世界一のアート書店を目指す「銀座 蔦屋書店」をオープンし、「カルチュア・インフラ」を創り出す企画会社の経営者として日々奔走している。

Special Talk 06

カルチュア・コンビニエンス・クラブ株式会社
代表取締役社長兼 CEO

増田 宗昭氏

人間の本質は常にチャレンジすることである

1983年3月24日、大阪府枚方市にTSUTAYA1号店の「蔦屋書店枚方店」が誕生してから今年（2017年）で34年、店舗数は1400を超えるまでに成長。そして大人が心底楽しめる「代官山蔦屋書店」や、「蔦屋家電」を通じて新たなライフタイルの提案をしている。

その創業者が、「できないことに挑戦するから人は成長できる」と語る、カルチュア・コンビニエンス・クラブ株式会社代表取締役社長兼CEOの増田宗昭氏だ。

本対談では、そのことを体現されている増田氏の原点に迫り、次世代を担う若者たちが、日々の生活の中で何を意識すべきか、そして目の前にあるチャンスにどう立ち向かっていくのか、そのヒントを惜しみなく語ってくれている。

金丸　増田社長とは長年の付き合いですので、今日はあまりかしこまらずにざっくばらんに、生い立ちや仕事の原点などをお話しいただきたいと思います。さて、私たちふたりの最大の共通点は、なんといっても大阪府枚方市生まれの起業家ということですよね。

増田　奇遇ですよね（笑）。そして枚方市には、ＴＳＵＴＡＹＡの礎となる「蔦屋書店」の記念すべき1号店もあります。

金丸　オープンしたのはいつですか？

増田　１９８３年です。２年後の１９８５年9月20日に、会社を設立しています。

■音楽に傾倒した大学時代。挫折をきっかけにファッションの道へ

金丸　カルチュア・コンビニエンス・クラブ（以下ＣＣＣ）は、音楽や家電、出版など、あらゆる文化を内包した事業を展開していますが、その原点が形成されたのは、いつ頃なのでしょうか？

増田　音楽とファッションに傾倒していた大学時代でしょうか。京都の同志社大学で「クリーブランドハイム」というバンドをやっていたんですが、大学や関西フォーク連盟のイベントでは、いつもトリを務める人気バンドでした。

金丸 楽器は何を担当していたんですか？

増田 ギターです。でも演奏は大したことなくて、他のバンドメンバーが抜群にうまかったですね。私はどちらかというと、企画や司会、選曲、ネーミング、衣装などを得意としていました。当時は新人発掘を目的としたオーディションが頻繁に開かれていて、私たちのバンドも何度か受けたことがあるんです。それで、あるオーディションの審査員に、大人気だったフォークバンド、ジローズの杉田二郎さんがいらしたことがありました。ちょうど杉田さんはバンドを解散してひとりになっていたときで、オーディションの後、うちのバンドメンバーのめっちゃ男前に目をつけて、引き抜いてしまったんです。その後、ジローズの大ヒット曲『戦争を知らない子供たち』が生まれたんですが、杉田さんの横にいたのが、その引き抜かれた先輩です。

金丸 えっ、あの隣にいた細い人ですか？　それは驚きました。それで、バンドはどうなったんですか？

増田 解散しましたよ。こうして音楽で挫折を味わったわけです。ひとりで司会業だけ続けるわけにもいかないし（笑）。

金丸 でも、増田さんの司会業というのは、意外に受けたかも（笑）。その後、洋裁学校に通っていた時期もあるようですが、これはどういう流れからですか？

1号店となる蔦屋書店（現・TSUTAYA 枚方駅前本店）創業当時の増田氏

増田　バンドで衣装全般を担当していたように、ファッションに関することが得意だったんです。普段からジーンズをストーンウォッシュにして切りつなげたり、ジーンズを加工して鞄を作ったりしていました。仲間からの評判もよくて、自分にはファッションのセンスがあるのかもと思っていました。人にあげたら喜んでくれるし、漠然とですが、こんなビジネスができたらいいなと考えていました。それに、その頃付き合っている女性がいて、どうにか彼女を養わないといけないという気持ちもあって、自分にどんな仕事が向いているのか、真剣に考えるようになりました。当時は役所で働く人も多かったんですが、性格上、役所は向いていないことはわかりきっていたから、自分に向いていて楽しいと思える仕事は何だろう、と考え抜きました。そうして辿り着いた答えが、クリエイティブな仕事ができるファッションの世界。でも、基礎を知らないと応用が効かないので、音楽を辞めて、大学と並行して大阪の上田安子服飾学院（現・上田安子服飾専門学校）に入学しました。

金丸　なるほど。自分の得意な方向に進んだわけですね。

増田　服飾学院の毎日は、楽しかったですね。成績もすごくよかったから、先生が休んだときは代わりに教えていたくらいでした。「立体裁断はこうやるんだ！」って（笑）。そのとき「自分はファッションで食べていこう」と決めました。

金丸　音楽の道からファッションの道へ。しかし、デザイナーという道は選ばなかったんですね。

増田　ちょうど服飾学院と大学の卒業の時期が重なっていて、服飾のプロコースに進むか、それとも就職するかの二択を迫られました。ファッション界には、三宅一生さんや高田賢三さんらが出てきた頃で、専門的に勉強をしてきていない自分が彼らのようにデザインをするのは無理がある、と考えました。一方で、ファッションをビジネスとしてやるのであれば、必ず勝機はあるはずと思い、就職することにしました。

■鈴屋に新卒で入社。1億円規模の商業施設の立ち上げに携わる

金丸　大学卒業後、ファッション専門店でもある鈴屋に入社されますが、なぜ鈴屋だったんですか？

増田　当時の鈴屋は、いまでいうユニクロのような先進的な企業で、業態は異なるけれど、ファッションで世の中を変えるという野心に溢れた会社でした。その姿勢に憧れて入社試験を受けたんですが、実は一度落とされたんですよ。

金丸　それは意外ですね。理由は何だったんですか？

増田　当時はロン毛だったし、レスリングをやっていたから、ガタイもよくて。学生運動が盛んな時代だったので、「あいつは危険かもしれない」と思われたんじゃないかと。

金丸　しかもバンドもやっていて、ファッションも学んでいたら、見た目はかなり怪しいかもしれないですね（笑）。そこから、どうやって入社に至ったんですか？

増田　人事部長が「あいつはイノベーションに向いているんじゃないか」と拾ってくれました。当時、鈴屋は服を仕入れて売るという業態から、ベルコモンズのようなショッピングセンターを展開する業態にシフトチェンジするところだったので、これからは同質の人間だけじゃなくて、革新的な人間が必要だと。それでお声掛けいただき、入社できました。そういう経緯もあって、同期がみな服を販売する部署に配属されたんですが、私だけ事業開発部に配属されました。

金丸　同期は何名ぐらいいたんですか？

増田　70名です。

金丸　増田さんは存在感があるし、会社の中でもかなり目立っていたのでは？

増田　そうですね。内定者研修でも周りを仕切ってリーダーシップを取っていたし、その姿が印象に残ったのかもしれません。

金丸　鈴屋でのサラリーマン生活は約10年ですが、一番印象に残っていることは何ですか？

増田　やはり、ベルコモンズの開発ですね。とくに入社2年目に携わった「軽井沢ベルコモンズ」は、自分の企画がそのまま形になったこともあり、とても思い入れの強い事業です。「新形態のリゾート型ショッピングセンター」という構想で、予算1億円以上のプロジェクトでした。オープン後も好調で、マスコミにも多く取り上げられました。このとき、店舗がオープンする興奮を大いに味わいました。

金丸　お話を聞いていると、誰かに言われて行動したのではなく、すべて自分で道を選んでこられたように思います。

増田　この間、ボクシングのメイウェザー選手が、いままでの人生を振り返り、何ひとつとして後悔や反省がないと言っていました。私もそれに近いものがあります。これまでの人生を振り返ると、あのときこうしていればよかった、と後悔したことがない。

金丸　これまでの経験がすべて、いまの仕事につながっていると？

増田　そうですね。音楽をやっていたから、アーティストが歌を作る気持ちやステージに立つ気持ちがわかる。だからこそ音楽のビジネスができているし、ファッションの仕事をやっていたからライフスタイルのことがわかる。ベルコモンズの経験があったからこそ、「T－SITE」のコンセプトを作り上げることができたのだと思っています。私というピラミッドがあるとすれば、過去の経験のすべてがその底辺を広げるために必要だったと感じます。私がいまここにいられるのは、これらの経験のおかげです。

■道を切り拓くのは、無謀とも思えるチャレンジ力

金丸　鈴屋を退職後、1983年に「TSUTAYA」の前身となる「蔦屋書店」を創業し、1985年にはCCCを設立しました。現在、Tカードの会員数は6500万人近く（2017年8月時点）、各地に「蔦屋書店」をオープンするなど、情報産業の中心的存在となる地位を築いています。ここまで成長を遂げる中で、会社の岐路というと、どのようなことがありましたか？　設立10年目の1995年には、インターネットも本格的に始まりました。

増田 インターネットが出始めた頃、これから情報社会になっていくのは必然だと思いましたね。こんなに便利で楽しいものはないぞ、と。ネットワークで接続された人たちの生活はより豊かに、より便利になると確信していたので、それを証明するために、衛星放送サービスの「ディレクTV」（1997年サービス開始～2000年終了）の設立にも奔走しました。最終的には失敗に終わってしまったけれど、この経験があったからこそ、人脈や知識が一気に広がりました。知的所有権について学ぶこともできたし、いまはチャレンジして本当によかったと思っています。

金丸 増田さんは大きなリスクを伴うことでも、大胆に実行する力がありますよね。

増田 いえいえ。私はギャンブル的というか、ある意味、無謀なだけですよ。逆に金丸さんは、チャレンジングでイノベイティブなことをするけど、同時にリスク管理も徹底していて、とても安心感がある。私はどちらかというと、裸一貫でやるようなことばっかりやっていますから。無謀なんですよ、無謀慣れしているんです（笑）。

金丸 私は起業家には、ふたつのタイプがあると思っています。ひとつは、手に職を持ったタイプで、私はどちらかというとこちら。ＩＴ一筋でやってきました。私のような〝手に職〟組は、経験を重ねれば重ねるほど蓄積されていくわけですが、一方、増田さんは、手に職を持たずにやってきたタイプ。アイデア次第でビジネスチャンスが広がるということを体現されている第一人者だと思っています。常に時代に沿った企画を立て、繁栄を続けていく必要があるだけに、30年間以上も第一線で活躍されているというのは、生半可なことではありません。

■ライフスタイル提案とは需要力の強化にほかならない

金丸 CCCは創業から一貫してライフスタイルの提案をコンセプトに事業を展開しています。そしていま、ようやくその概念が世の中に浸透しつつあるように感じています。

増田 そうですね。ライフスタイルの提案というのは、皆さんがいいな、欲しいな、やってみたいなという需要を創り出すことだと思っています。つまり、需要力を強化すること。それに私たちはずっと取り組んできました。いまの日本は消費が冷え切っています。だからこそ、皆さんの遊び心をくすぐるような新しい提案をこれからもしていきたい。それに一生懸命働くと同時に、一生懸命遊ぶことも大事だということを、とくに若い人たちに伝えたいですね。それが自分の糧となり、自身を豊かにするわけですから。

金丸 高度成長期は供給力を拡大することで新たな需要を作り出してきました。でもいまは、供給力を拡大しても需要がない。需要を喚起する魅力的なコンテンツや仕掛けがない限り、供給は伸びていきません。そういう意味で、代官山の「蔦屋書店」や二子玉川の「蔦屋家電」といったお店は、まさに需要力の強化そのものだと思います。

増田 ありがとうございます。東京カレンダーも読者に対して、「あそこのお店は美味しいよ」と需要そのものを創り出していますよね。いまの時代のマーケティングというのは、需要力の創造が必須です。私たちは、あらゆるライフスタイルジャンルの中で、一番提案力のある会社を目指しています。

金丸 具体的にはどのようなことをされているんですか？

増田 たとえば普通の書店は、「食」という括りであれば、世界中から集めてきたその分野の本を並べます。でもいまや、これはAmazonの役目。「蔦屋書店」にはそれを編集する人がいて、「医食同源」や「スローライフ」というテーマで切り取り、提案を行う。雑誌を作るかのごとく売り場を編集しています。たとえばアート作品を購入するなら、こういうアーティストがいるよとか、別荘を建てるんだったらこんなのがいいとか、選ぶべき建築家はこの人とか。そういうことを伝える場所にしていきたい。そういう提案をすることで、需要力を強化していきたいと思うんです。

金丸 それは、増田さんが、別荘を建てたいからではなく？（笑）

増田 そうなんだけど（笑）。でも、そういった自分のやりたい、欲しいという思いがすっごく大事なんですよね。その〝やりたい〟にこそ、答えがあるから。若い人たちは無謀でもやりたいことをやるべきだし、やりたいことをやれば自分自身の経験にも蓄積にもなります。それが主体性を持つことだと思うんです。大切なのは、自分と対話を重ねること。答えは常に自分の中にあることを忘れないでほしいですね。周りの目を気にしたり、周りの意見に流されたりしてはいけません。

■若い人ほど未来情報を持ち、活用していくことが大切

金丸 いま一番関心があることは、どのようなことですか?

増田 ふたつあります。ひとつは、インバウンドですね。中でも「食」。東京カレンダーさんのようなコンテンツです。

金丸 なぜ「食」にそれほど関心があるんですか?

増田 いま日本を訪れる外国人観光客が急激に増えていますよね。訪日外国人の数は2016年で年間2400万人程度と言われていて、政府はこれを2020年には4000万人にしたいと次々に施策を打っています。かたや国際観光客が世界一のフランスには、毎年8300万人が訪れています。私に言わせれば、この数字の開きは絶対におかしい。日

本には豊かな観光資源があるのだから、いずれ訪日外国人は1億人ぐらいになると読んでいます。そして、その1億人観光時代に向けて、本当に力を入れるべきは「食」だと確信しています。和食はすでに世界中でブームとなっていますが、たとえば、水道の蛇口をひねって、そのまま水が飲める国なんて、世界を見渡してもほとんどありません。こういった日本のポテンシャルは相当なもの。いまや日本の中だけでモノを作って売るだけでは通用しなくなってきている。インバウンドを視野に入れれば、大きなビジネスチャンスになります。

金丸 私は若い人が新しい事業を興すには、いまがビッグチャンスだと思っています。しかし、当の若い人はそんなふうには思っていません。どの業種も大企業をはじめ、様々な企業が玉石混交の状態で、入り込む余地がないと思い込んでいます。しかし、訪日外国人が1億人規模になれば市場自体が広がり、食以外にも大きなチャンスが生まれるでしょう。そう思えるか否かが、チャンスを摑むための第一歩だと思うんです。

増田 若い人には「未来情報を持ちなさい」と伝えたい。この先どのようなニーズがあるのか、そして新しいサービスを創造したら、対価として自分がお金を払うかどうかを考え抜いてほしい。自分がどうしたいのかという考えを深めていくことで、答えは無限に広がります。

対談の舞台『La BOMBANCE』

金丸 若者の中には、起業したいけれどビジネスプランの書き方がわからず、スクールに通う人が大勢います。そうしてプランを作れるようになったものの、肝心の実現したいコンテンツがない。人脈を作ろうと異業種交流会に参加しても、コンテンツは作れないが人脈は欲しいという人ばかりと知り合いになってしまう……という状況に陥っている人も多いです。要するに、人脈作りのためにFacebookで友達申請をし続けたところで、仲間が増えることはありません。世の中にはSNSなどの交流ツールが溢れていますが、人と人とのつながりにおいて大事な部分の本質は、以前から変わらない。シンプルなんです。

増田 大切なのは自己の確立。そこに気づいていない人が多い。

■成長するためには、周囲に同調せず常に戦い続けること

金丸 もうひとつの関心は何ですか？

増田 社員の成長です。ＣＥＯにとってやはり一番の仕事だと思っています。社長である私がいまやるべきことは、主体性を持つとか、できないことにチャレンジするといった会社の文化や習性を、社員一人ひとりに根づかせることです。日本は戦後、高度成長を遂げました。大事なものを捨て去って頑張ってきたのが、私たちやその上の世代です。会社という組織に入って歯車のひとつになって働く。歯車という部品に徹することで大きな成果が生まれ、それをみんなでシェアできた。それが高度成長の時代だと思います。

金丸 当時、従業員として働いている人たちは、自分の考えを持たなくても大丈夫、という時代でした。

増田 日本人はずっと歯車になるような教育を受けてきましたが、そこには、自分自身が楽しいか楽しくないか、ということが置き去りになっていたように思います。ＣＣＣの社員もある意味で歯車ですが、自分が動くことで隣の歯車を動かし、全体を動かせる主体性を持った歯車が多い。プロジェクトに応じて自由に他の歯車とつながっていくことができ

る社員をもっと増やしたい。日本人に企画力やクリエイティビティが必要になったいま、求められるのは、たくさんの経験を積み、自分の可能性を広げ続けてきた人ではないでしょうか。

金丸 同感です。

増田 チャレンジすることに抵抗を感じる若者も多いようですが、まず伝えたいのは、生まれてすぐに自転車に乗れる人がいるのか、社長になれる人がいるのかということです。人間の本質は、できないことに挑戦することにあります。常に困難にチャレンジしてきた積み重ねが、人間の歴史であり、人間を成長させてきたのだと思います。

金丸 ここまでの文明を築いてこられたのも、困難へのチャレンジがあったからこそですからね。

増田 会社という組織だと、一人ひとりができないことにチャレンジしていたら、統制なんて取れないかもしれません。でも、それでこそ組織に主体性が出てくるんです。私が34年前に会社を始めたときに作りたかったのは、「主体性を持った企画集団」。その原点に戻ろうと、いま改めて挑戦しているところです。

金丸 いままさに戦っているところなんですね。

増田 金丸さんも同じだと思いますが、常に戦っていますね。日本人は周囲の環境に合わせる習性があります。みんなが鳥小屋に入っていると安心だけど、野に放たれたとたん不安になる。

金丸　鳥小屋で飼われていた鳥は生命力がないから、すぐに食べられてしまいますしね。でも、その傾向はますます強くなっています。

増田　だからこそ、自ら小屋を出ていったり、小屋を大きくしたりする気概を若い人には持ってほしいと思います。

金丸　人間の本質は、「チャレンジを続けること」。非常に印象的な言葉です。お話を聞いて、まさにご自身がそれを体現されていると感じました。若い人にも、大変刺激になるお話だったと思います。本日はありがとうございました。

SPECIAL TALK 07

株式会社フォーシーズ
会長兼 CEO

淺野 秀則氏

PROFILE

1953年生まれ。紙器メーカーの3代目として生まれ、慶應義塾大学商学部を卒業。1980年、輸入商社として株式会社フォーシーズを起業する。そして、様々な事業に挑戦する中でピザのデリバリーサービス「ピザーラ」を生み出し、国内宅配ピザ市場において売上、店舗数ともにナンバーワンの地位へと育て上げる。

Special Talk 07

株式会社フォーシーズ
会長兼 CEO

淺野秀則氏

どんな時代にも必ずチャンスはある。ポジティブにぶつかっていくべき

1987年、日本の宅配ピザ市場に後発で参入した「ピザーラ」は、1号店のオープンから10年でライバルを抜き去り、現在も圧倒的な首位を独走している。運営元である株式会社フォーシーズは、さらにイタリアン、寿司、そしてレストランとして不動の人気を誇る〝ジョエル・ロブション〟に至るまで幅広く展開している。劇的な成長を果たした企業の創業者が、淺野秀則氏だ。

しかし、その輝かしい現在の業績とは裏腹に、淺野氏の人生は、失敗と挫折の連続だった。

数々の苦難に見舞われながらも、決して諦めず、挑戦を続けてきた淺野氏の歩みを辿ると、成功者を目指すために身につけるべき心構えが見えてきた。いま、目の前にあるチャンスに気づけるか否かで、あなたのこれからの人生に劇的な変化があるだろう。

金丸 今回は、淺野さんのお店ですから、私のほうこそお招きいただきありがとうございます。

淺野 今日はぜひ「シャトーレストラン〝ジョエル・ロブション〟」のモダンフレンチを堪能してくださいね。

金丸 非常に楽しみです。さて、淺野さんが会長を務めるフォーシーズは、業界トップの宅配ピザ「ピザーラ」をはじめ、串かつ、イタリアン、寿司、そしてこのロブションまで、バラエティに富んだ展開をされています。現在、どれだけの業態を抱えていらっしゃるんですか?

淺野 全部で56業態（2017年4月現在）です。

金丸 すごい数ですね。淺野さんと私は歳が同じで、20年以上も前から旧知の仲です。今日はいかにして一大飲食グループを築き上げたのか、これまで伺えなかったお話も存分に聞かせてください。早速ですが、お生まれはどちらですか?

淺野 東京の目白です。もともと祖父が紙器の会社をしていて、私はそこの3代目として生まれました。

金丸 ということは、裕福でいらっしゃった?

淺野 絵に描いたようなぼんぼんですよ(笑)。家にはお手伝いさんがいて外車が2〜3台あって、小学校は慶應義塾幼稚舎に通って、みたいな。

金丸　まさに御曹司ですね。勉強は得意だったんですか？

淺野　それが勉強をした覚えがないんです。算数はつるかめ算で挫折。どうして鶴と亀が出てくるのか、わけがわからなくて（笑）。そもそも「お前は3代目だから勉強しなくていい」と言われてたし。

金丸　ええっ、勉強しなくていいって!?

淺野　要は、勉強するよりも友達を作れと。しかも年上は要らない、子分をいっぱい作れ。そう言われて育ちました。

金丸　なるほど。リーダーの素質を養わせたかったんですね。

淺野　でも小学5年生のとき、うちの隣にすごい家族が引っ越してきたんです。レストランを経営している華僑の一家で、家は1000坪近くある豪邸で、運転手付きのベンツがあって。うちもそれなりに裕福だったけど、隣は桁違い。「こんなにお金持ちになるなんて、飲食業ってすごいんだな」って、そのとき思いました。

金丸　小学生のときに（笑）。

淺野　もう本当にすごくって。その一家のインターナショナルスクールに通う3姉妹と付き合い始めてから、いろいろと世界が広がりましたね。外食に連れていってもらったのも貴重な経験でした。その頃は外食といっても豪華な店はほとんどなくて、私も父に連れられて、

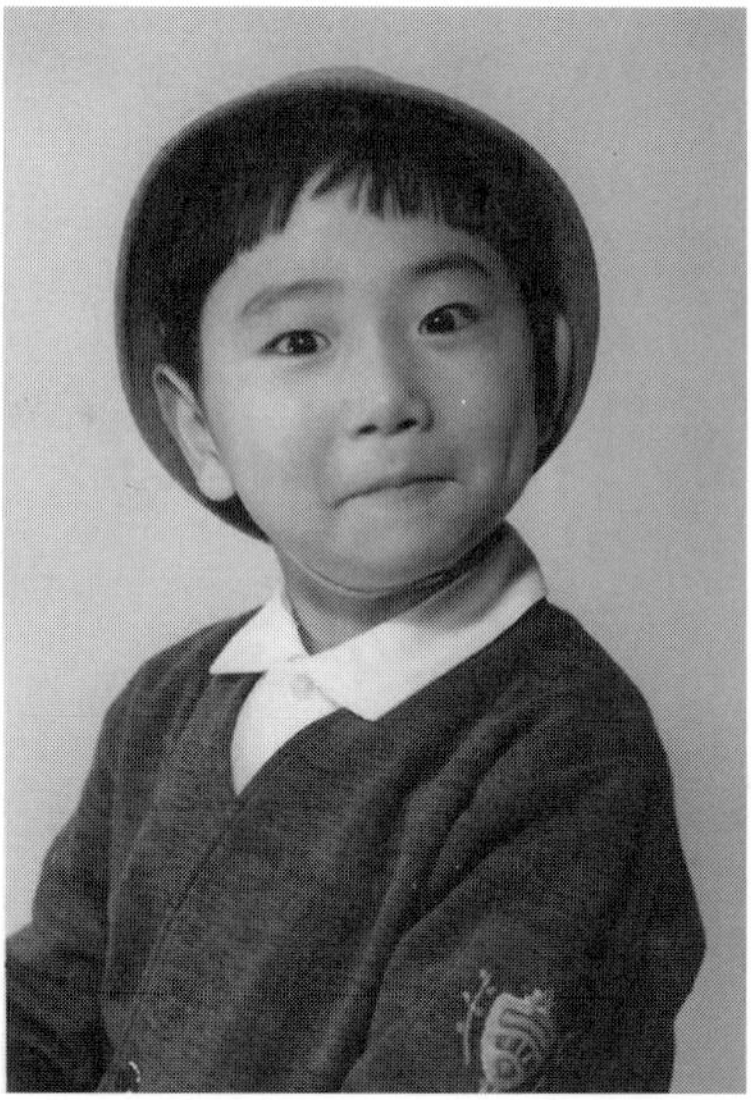

御曹司の風格がただよいながらもひょうきんな一面を見せる
5歳当時の淺野氏。都内の写真スタジオにて

小学校6年生の慶應幼稚舎の水泳大会にて。淺野氏は写真の右から
2番目、写真左は、学友の松竹社長の迫本淳一氏

そば屋に行ったことぐらいしかなかった。そんな時代に、帝国ホテルの『レインボーラウンジ』に連れていかれて、生まれて初めてバイキングを食べました。それに3姉妹とは、ダンスパーティーに行ったり。

金丸 ダンスパーティー!? 何歳のときですか?

淺野 13歳ぐらいかな。それも毎週のように。

金丸 すごいですね。

淺野 彼女たちの情報の感度は抜群でした(笑)。「すごいのがあるから」といって、ビートルズを聴かせてくれたのも彼女たち。食、音楽、文化、とにかくいろいろな影響を受けて、西洋文化に憧れるきっかけになりました。彼女たちがいなければ、私も普通に暮らしていたんじゃないかな。

金丸 鹿児島にいた私とは全然違いますね。羨ましい(笑)。

■高校在学中、貧乏生活に転落

金丸 高校はそのまま慶應に進まれたんですか?

淺野 はい、埼玉県の慶應義塾志木高等学校に。実家から近かったし、志木のほうが内部進学しやすいと言われていたので（笑）。

金丸　高校時代はどんなふうに過ごしていましたか？

淺野　ゴルフ部のマネージャーをやっていました。でもそれも高校2年生まで。突如、父が倒れてしまって。

金丸　病気になられた？

淺野　脳血栓です。私は3人兄弟の長男ですが、まだ高校生だったから後を継ぐことはできない。同族経営の会社だったので、これをきっかけに大混乱ですよ。

金丸　次期社長を誰がやるかということですね。

淺野　父は一命を取り留めましたが、倒れている父の枕元で、いきなり後継者争いが始まって……。それまで3代目としてちやほやされていたのに、みんな一気に手の平を返した。このとき「ああ、世の中はこうなっているんだ」と思いました。

金丸　で、会社はどうなったんですか？

淺野　ずっともめ続けて、結局15年ぐらいごちゃごちゃしていましたね。オーナーシップはもう一族から離れていますけど、会社はいまも存続しています。

金丸　そうなると、生活も一変したのでは？

淺野　一気に貧乏になりました。会社は生活費も学費も一切出してくれないどころか、父の半身不随のリハビリに月40万ぐらいかかるという状況で。ただ、うちは母がまた変わった人で、「皆さんの世話にはなりません」って家を飛び出して、商売を始めたんです。

金丸 もともと何か商売をされていたんですか？

淺野 いや全然。普通の社長夫人ですよ。母は、料理はできなかったけど、麻雀はできた。それで麻雀店を始めたんです。

金丸 えっ!! いきなり（笑）。

淺野 ですよね（笑）。それからは放課後に弟たちと3人で麻雀店の手伝いをすることになって、毎日牌を磨いていました。営業が終わると、家まで車で帰っていたんですけど、ある雨の日、車が途中でエンストしてしまって。どうにも直らず、夜中にずぶ濡れになりながら、車を押して帰ったんです。そのとき、悔しさとか情けなさとか、いろんな感情がだーっと込み上げてきて「俺がもう一度、淺野家を再興しなきゃいかん」と思ったんです。絶対に自分で事業をやろうと心に誓いました。

■ハワイに行きたかったから旅行代理店を始める

淺野 大学は慶應義塾大学の商学部に進学したんですが、ずっと商売のことを考えていましたね。

当時、私は海外、とくにハワイに行きたくて仕方がなかった。だから必死にお金を集めて、初めてハワイに行きました。

金丸 どうでした、ハワイは?

淺野 最高でしたよ。完全に魅了されて、毎年ハワイに行きたくなった(笑)。

金丸 でもお金が。

淺野 そう、お金が。そんなとき、本屋で『マーフィーの成功法則』という自己啓発本を見つけたんです。開いてみたら、1行目に「人は自分がなりたいものになっていく」と書いてある。「なるほど、わかった」と本を閉じて、読んだ気になりました(笑)。

金丸 早いですよ(笑)。「はじめに」だけで、全部わかったって(笑)。

淺野 なりたいものになれるっていうんだから「俺は毎年海外に行くぞー」と思っていれば、行けるようになるはずだと。でもお金がない。そこで、ひらめいたんです。

金丸 何を?

淺野 旅行代理店を作って自分が添乗員になれば、旅行者と一緒に海外に行けるじゃないかって。それですぐに学生向けの旅行代理店を立ち上げました。

金丸 すごい行動力ですね。

淺野 旅行業法もゆるやかで旅行代理店の規制もない時代でしたから。それからは、どうやって人を集めればいいかの作戦を考えましたね。ひとつは慶應をはじめ、いろいろな私立大学に支部を置いて学生に声をかけたんだけど、その際目をつけたのが、内部進学者。彼らには独自のコミュニティがあるので、1人が行くとなれば周りの人間も一緒についてくる。もうひとつは、参加者を10人集めれば1人の旅費をタダにするというもの。その代わり、タダになった学生はちゃんとほかの人の面倒を見るというのが条件。そうしたら予想以上に繁盛して、多いときには500人、600人もの旅行を扱ったりしていました。

金丸 それはすごい。アイデアの勝利ですね。

淺野 お金がない分、企画力で勝負するしかなかった。頭を使うだけならタダですからね。ほかにも、母が経営する麻雀店は日曜が休みだったので、遊ばせておくのはもったいないと、大学対抗の麻雀大会を開いたりしていました。貧乏に変わりはなかったけど、いろんな企画を考えるのが楽しくて、大学にはほとんど行きませんでしたね。1日も早く社会に出て事業をやりたいと思っていました。

■ 貧乏生活がハングリー精神を生んだ

対談の舞台『ガストロノミー“ジョエル・ロブション”』

金丸 淺野さんはお金持ちからいきなり貧乏生活に転落して、しかもその振り幅が大きいじゃないですか。当時を振り返ったとき、貧乏でよかったなとポジティブに思えることは、何かありましたか？

淺野 そうですね、やはりハングリーになれたことでしょうか。何かチャンスがないかって、常にアンテナを立てていましたから。

金丸 お金がないと嘆くより、まずはアンテナを立てなきゃダメなんですね。

淺野 私の場合、金持ちと貧乏の両方を経験したことがよかった。貧乏だとやっぱり、お金持ちのほうがいい、お金持ちになりたいと思いましたから。

金丸 我々が大学を卒業する頃って、まだオイルショックを引きずっていて就職も大変でしたけど、浅野さんは企業に入るか、自分で事業をやるかで迷ったりしなかったんですか？

浅野 実はいったんは就職したんです。採用情報の雑誌を見ていたら、大日産業というベンチャー企業を見つけて面白そうだなと。で、入社したものの3カ月で辞めてしまいました。

金丸 また早いですね（笑）。

浅野 会社に入って、はっきりしたんですよ。自分は人に使われるのは肌に合わない。命令されるのが、すごく嫌なんだなって。

金丸 それは浅野さんのお話を聞いていれば、私にもわかりますよ（笑）。

浅野 そうですか（笑）。それでやっぱり自分で会社をやろうと、学生時代に作った旅行代理店を事業化しました。ただ学生が相手だと、春休みとか夏休みとかの長期休暇中に集団で旅行するので、どうしても暇な時期ができてしまう。そこで、学生がいつでも集まれるようなクラブハウスを作ることにしたんです。うちの旅行に参加した人だけが利用できて、そこで飲食もやろうと。

金丸 ついに、飲食業に乗り出したんですね。

浅野 はい。それが私が初めて手掛けた飲食店でした。

■飲食店オープンから10日で300針を縫う大やけど

金丸 そのクラブハウスは順調にいったんですか？

淺野 それがオープンして10日目に、火事を起こしてしまって。ふと見ると、揚げ物をしていた鍋から火が出てる。その瞬間、私が何を考えたかわかります？

金丸 いや、何ですか？

淺野 「火災保険に入るの忘れてた」(笑)。

金丸 笑いごとじゃないでしょう(笑)。

淺野 店内にはお客さんもいっぱいいたし、自分の店だし、なんとか火を消そうと必死でした。奇跡的に消火はできたんですが、私自身が大やけどを負ってしまって。計300針を縫うほどで、皮膚移植も必要で……。

金丸 それほどのやけどだと、すぐに動けませんね。

淺野 1年半ぐらいは、包帯ぐるぐる巻きの状態で療養生活でした。命懸けで守った店も、シャッターを開けると1日1万5000円の赤字が出る始末。維持できるはずもなく、泣く泣く閉店です。

金丸 これから自分の事業をやっていこうというときに、挫折を経験したわけですね。

浅野　浅野家を再興すると誓ったのに、大やけどを負って動けなくなっちゃって。そんな私を見て、母はまた、自分で商売をやろうと奮起したんです。

■手を出した事業は失敗に次ぐ失敗

浅野　当時大人気だったピンクレディーが、あるテレビ番組で「私たち、烏龍茶を飲んでやせました」という話をしたんです。それをたまたま見ていた母が「秀則、これよ」と。

金丸　なるほど。次は烏龍茶の販売ですね。まだ誰も注目していなかった頃だから、今度は成功したんじゃないんですか？

浅野　とんでもない。大失敗です。ほとんど売れずに在庫の山。借金返済のため、ついに家まで手放すことになりました。そんなとき、母が乳がんを患っていることがわかり、医者からは余命3カ月と宣告されました。父が倒れ、私は大やけど、母はがん。もうどん底です。

金丸　まさに……。

浅野　次々に不幸に見舞われて、財産もどんどん失って。でも唯一残っていたのが、私のこの性格。いつでも陽転思考、楽天家だったから、「きっとこれ以下はないな。とにかく何かやろう」と考えることができた。そう思えると、人間って強いですよ。で、次に始めたのがラーメン屋。

金丸 今度はラーメン屋ですか！

淺野 ラーメン屋ならそこまで稼げなくても、食べ物には困らないし、家族が餓死することもない。当時はいまほどラーメン屋の数も多くなかったし、毎日がむしゃらに働きましたね。そしたら月に40万〜50万ぐらい稼げるようになって、ようやくこれは成功したなと。ただ、ふと思うことがあって。金丸さん、ラーメン屋の経験は？

金丸 あるわけないでしょう（笑）。

淺野 ですよね（笑）。ラーメン屋で何が一番大変かって、スープを取った後のガラを捨てる作業なんです。夜中の3時に店を閉めて、40キロぐらいあるガラを捨てにいく。これがすごい重いし、すごく熱い。脂まみれになりながら作業していると、「ちょっと待てよ。俺は淺野家を再興するんじゃなかったのか。こんなふうにラーメン屋をやって、毎日ガラを捨てにいって、これで目的が果たせるのか⁉」と考えてしまったんです。

金丸 土砂降りの中、車を押したあのときと同じですね。

淺野 まさに。それに母にできる限りの親孝行がしたかったんですよ。それで、自分でラーメン屋をやるのはやめて、月30万で貸し出すことにしたんです。母が健康食品の事業をやりたいと言えば手伝って、とにかくいろいろなことをやりましたね。

金丸 お母様も本当にバイタリティのある方ですよね。

淺野 うちの家族では、母が一番好奇心旺盛でした。「人間、やろうと思えばできないことはない」というのが口癖で。

金丸 どんな逆境でも明るく、めげないファミリーなんですね。

淺野 はい、そう簡単にはめげません（笑）。

事業失敗の原因を突き詰めて考える

淺野 でも、次第に母も病院から離れられなくなりました。事業もいろいろやってはみたものの、どれも大成しなかった。

金丸 トータルで、いくつぐらいの事業をやったんですか？

淺野 10を超えてますね。でもどれも失敗。どうして失敗したのか、自分なりに反省して突き詰めて考えてみたんです。そうしてわかったのが、天職にこだわりすぎていたことが原因じゃないかと。

金丸 それは事業内容にこだわりすぎていた、ということですか？

淺野 そうです。もちろん仕事が天職なら最高だけど、天職なんて、そうそう見つかるもんじゃない。きっと巡り合うことは難しい。そう考えることにしました。

金丸 じゃあ、今度は何を基準に事業を選ぼうと？

淺野 話をラーメン屋に戻すと、母に親孝行をしている間、私は当然ながら自分の事業に集中できません。でもその間も、人に貸していたラーメン屋だけは、毎月30万円を運んできてくれたわけです。たとえばの話ですが、私が総理大臣になれるかというと、まあ、なれませんよね。

金丸 まあ難しいでしょうね（笑）。

淺野 では、総理大臣と同じぐらいのお金を得ることはできるでしょうか。１９８０年代、総理大臣の年収は３０００万円台でした。私は1軒のラーメン屋から月々30万円を得ている。頑張って働いて、毎年1軒ずつ増やすことができれば、10年で10軒。このぐらいの規模なら、不可能ではなさそうだと。

金丸 月３００万円なら、年間で３６００万円。なるほど。総理大臣と並びますね。

淺野 だからラーメン屋と同じように、ワンユニットで30万円儲かる商売を探し始めました。そうして転機が訪れたのが、１９８５年。

金丸 30歳を過ぎた頃ですね。何があったんですか？

淺野 たまたま映画『E.T.』を観たら、オープニングがピザのデリバリーのシーンだった。そのとき「あっ、これ面白いかも」って、ピンと来たんです。

金丸 そうだったんですか!? 映画をきっかけに始めたのが、ピザーラだった。面白い。それに私と淺野さん、意外なところに共通点があります。私も自分の会社を「フューチャー」と名づけたきっかけは、映画『バック・トゥ・ザ・フューチャー』なんです。

淺野 ええっ、知らなかった（笑）。

金丸 それにしても、ようやくピザに辿り着きましたね。

淺野 ここまで10回以上も失敗を重ねてますからね。

■フランチャイズ加盟を拒絶され、ピザーラが誕生

淺野 1985年は、ちょうどアメリカの宅配ピザチェーンが日本に上陸した年なんです。だから最初は、そこに電話をしたんですけど、「うちはフランチャイズはやりません」という返事。じゃあということで、自分たちで一からやることにしました。

金丸 淺野さんにやらせておけばよかったのに。もったいない（笑）。でも面白いのは、餓え死にさえしなければと思って始めたラーメン屋が、思考を転換させるきっかけになり、思わぬ突破口になったんですね。

淺野 そうです。あとは一生懸命働いて、店の数を10倍にすればいい。夫婦ふたりで毎日人の倍働けば、間違いなくできると。

金丸 あの、いま急に奥様が登場しましたけど(笑)。いつの間に結婚されていたんですか?

淺野 出会ったのは、学生だった22歳のときです。いまはうちの会社の社長をしています。

金丸 じゃあ奥様と二人三脚で、ピザーラを大きくしてきたんですね。

淺野 ピザのデリバリーをやろうと決めたとき、最初にふたりで話したのは「日本人向けのピザが日本にはない」ということです。たとえば、焼き鳥や照り焼きは、日本の素晴らしい食文化。それとピザを合わせてみたら、和風のピザができるんじゃないかって。

金丸 日本人の味覚に合うように、カスタマイズしようとした。

淺野 そうです。日本人はマヨネーズも大好きだから、マヨネーズを使えば人気が出るに違いないとか。いまでは日本風ピザのトッピングとして定番ですけど、マヨネーズがのったピザなんて、当時はありませんでしたから。あとは、女性をターゲットにしたピザを作っていこうという話もしましたね。1年半ほど、徹底的に日本人に合うピザを考え抜いて、1987年にピザーラの1号店をオープンしました。

金丸 経営は順調でしたか?

淺野 順調に伸びて、5年後の1992年に一気に展開を加速させました。ちょうどバブルが崩壊して、日本の景気がどん底に落ちていたときです。

金丸 そこも私と似てますね。私の会社が注目され始めたのも、ちょうどその頃です。会社を立ち上げたのは1989年ですが、バブル景気の真っ只中で、ITコストの削減やダウンサイジングの営業をかけても、見向きもされなかった。それがバブルが弾けたとたん、どの企業も手の平を返したように電話をかけてきて、「この間の話だけど、もう1回聞かせてくれないかな」なんて言ってきて。

浅野 やっぱりチャンスはどこに転がっているかわからない(笑)。面白いですよね。

■成功するまで挑戦することが真の挑戦

金丸 ピザーラの大成功に至るまで何度も失敗を繰り返してきたわけですが、浅野さんにとって、失敗とはどのような存在なのでしょうか?

浅野 そうですね。失敗を経験した人って、必ず成功者になれると思います。でも現実は、成功者ばかりじゃない。それはなぜかというと、失敗したままで終わってしまうからなんです。途中で諦めてしまう。そうならないためには、やっぱりしぶとくいくしかありません。

金丸 同感です。成功するには、とにかくチャレンジし続けるしかない。新しい挑戦を始めたなら、ずっと挑戦し続ければいいんだけど、大半の人が3回ぐらいでやめちゃうんですよね。成功から始まる挑戦なんて存在しない。失敗を乗り越えることこそが挑戦なのに。

淺野 そう。やめちゃダメです。

金丸 だから挑戦って、ある意味〝塊〟みたいなもの。失敗もひっくるめて成功するまでの一連の行為が、挑戦じゃないかと思うんです。

淺野 そのモチベーションを持ち続けるには、やっぱり最初の目標に立ち返ることが大事ですよね。

金丸 淺野さんの場合、最初の目標は「淺野家の再興」じゃないですか。時折思い返しては、ハッとなって原点に戻る。だからミッションって、すごく重要です。加えて淺野さんは旺盛な好奇心とパッション、どん底でもめげないポジティブな性格を持ち合わせていた。これらのすべてが、成功の秘訣なんでしょうね。

淺野 中でもポジティブって大切ですよ。どん底のときに悲観主義だと、どんどん落ち込むだけですから。

金丸 では最後に、読者へのメッセージをお願いします。

淺野 いまの時代は変化が激しい。だから挑戦することに、怖じ気づいてしまうかもしれません。でもどんな時代にも、必ずチャンスはあります。しかも誰にでも平等に与えられています。ただ、そのチャンスに気づいていないだけなんです。だから失敗を怖れず、ポジティブにぶつかっていってほしいですね。挑戦あるのみです。

金丸 やはりアンテナを張ってチャンスを摑んできた浅野さんがおっしゃると、説得力がありますね。

浅野 10年後、20年後に「ああ、実はあのとき、こんなチャンスがあったんだな」と振り返ることは簡単だけど、いまそれに気づくかどうかが分かれ道、ですよね。

金丸 若い人たちは、チャンスに気づくことができるでしょうか？

浅野 できると思いますよ。自分の若い頃に比べると、起業する人も増えているし、大いに期待しています。

金丸 浅野さんの生き方、チャレンジ精神に負けず、若い人には1度や2度の失敗がなんだと果敢に挑戦してほしいですね。諦めずにチャレンジし続ければ、必ず成功が待っています。本日は誠にありがとうございました。

SPECIAL TALK 08

囲碁女流棋士

万波 奈穂氏

PROFILE

兵庫県出身。日本棋院東京本院に所属する囲碁棋士。三段。実姉の万波佳奈四段ともに活躍中。5歳から囲碁を始め、20歳でプロへ。著書に『世界一やさしい布石と定石』（マイナビ出版）、『万波姉妹のぐんぐん強くなる囲碁 Q&A』（万波佳奈氏との共著、マイナビ出版）などがある。美人棋士として、マスコミにも度々登場。囲碁界きってのお酒好きとしても知られ、『おんな酒場放浪記（BS-TBS）』にも出演中。

Special Talk 08

囲碁女流棋士

万波 奈穂氏

負けから学び、それを糧に勝つための備えをする

「先手」「布石」「序盤」「一目置く」。一般的に使われているこれらの言葉は、いずれも囲碁を語源とする用語だ。経営戦略的視点を求められるその共通性から、ベテラン経営者のみならず若手経営者の間でも、囲碁を趣味に持つ人が昨今急増している。

人生は毎日が勝負の連続。狙い通りに勝てることもあれば、思わぬ要因で負けを喫することもある。負けから学び、それを糧に勝つための備えをする。リーダーを目指す若者には、一流棋士の思考法について、本対談を通じて知ってもらいたい。

また、対談相手の万波奈穂氏は、20歳でプロになり、姉・佳奈氏との姉妹棋士としても活躍している。その姉妹を育てたお母様の子育てポリシーがとてもユニーク。「プロの世界で通用する一芸に秀でた子どもに育てたい」と願う子育て世代の方々にも、参考になることがあるだろう。

金丸 早速ですが、万波さんといえばお姉様の佳奈さんとの姉妹棋士として、囲碁界はもちろん、テレビや雑誌などのメディアでもご活躍されています。経済界の方々とのお付き合いも多いと伺っています。

万波 そうですね。ここ最近は、囲碁をする経営者の方が大変増えていますからね。

金丸 万波さんは幼少期から囲碁を始められていますが、ご両親が囲碁をされていたのでしょうか？

万波 いいえ、父と祖父は囲碁ファンではあったのですが、正直、それはあまり関係なくて……。

金丸 どのようなきっかけだったのでしょう？

万波 父と祖父に薦められたのもありますが、最終的には母からのプッシュがきっかけになりました。あるとき、たまたま母が「子どもに習わせる趣味の一覧」という本を読んでいまして、その中で、とくに囲碁が気になっていたそうです。ちょうどそのとき、近所に囲碁教室を見つけて、「コレだ！」と思ったらしいんです。

金丸 お母さんは囲碁をやっていらしたのですか？

万波 いいえ、ルールも知りませんでした（笑）。

金丸 そうなんですか。面白いお母様ですね。

万波 それと、父が転勤族だったので、ピアノのような大きなもの、つまり、引っ越しのときに邪魔になるような趣味ができなかった、という事情もありました。

金丸 碁盤は邪魔にはなりませんからね（笑）。

万波 はい、碁盤だったら引っ越しの際、手で持っていけますし。ほかにもお絵描き教室とか水泳とか。とにかく、持ち運びのない習いごとをしていた記憶があります。

■自分の進む道との出合いは5歳。小学校時代は囲碁に没頭

金丸 最初に囲碁を始めたのは、お姉様だったのでしょうか？

万波 そうです。姉とは2歳違いなのですが、姉も私も5歳のときに囲碁を始めました。

金丸 それはすごい。5歳といったら、ほかに女の子らしい遊びがたくさんあるのではないですか？

万波 リカちゃん人形とか、バレエとかですよね……。やっぱり小学校に入って同級生がピアノや女の子らしい習いごとをしているのを見ると、はじめはすごく羨ましかったです。

金丸 その頃は、どのような生活を送っていたんですか？

万波 小学校から帰ってきて部屋にランドセルを置いた後は、すべてスケジュールが決まっていました。

小学校 4 年生の万波氏。オランダで開催された世界大会の様子

金丸 それは囲碁の勉強ですか？

万波 はい。週に2回、囲碁教室に通って、あとは家で囲碁の勉強をしていました。

金丸 5歳から陣地取りをやっていたとは……本当に驚きます。

万波 その頃から緻密な計算をしていましたね（笑）。

金丸 放課後のカリキュラムは、誰が考えていたんですか？

万波 母です。とにかくスパルタな母親だったので……。母自身は囲碁のルールも知らないのにとても熱心で、たとえば、詰碁※とかも本だとわかりづらいので、見やすいように拡大コピーして渡してくれていました。

金丸 当時、万波さんは囲碁をやること自体は楽しかったんですか？

万波 囲碁が楽しいというよりも、囲碁教室にいる友達に会いに行くのが楽しいと思っていました。それに、みんなで食べるおやつの時間も楽しみにしていましたね。

金丸 非常に興味深いのは、お母様はなぜ、普通の勉強ではなく囲碁の勉強をさせたのか、ということです。

万波 両親は学校の勉強をしろ、というよりも、手に職をつけろというタイプで、最低限、学校の宿題さえやっていればいいという考え方だったようです。

金丸 エピソードを聞いていると、お母様の話がどれも非常に印象的ですね。

万波 そうですね（笑）。以前、テレビの取材を受けた際にも、あまりに私と姉の会話に母が出てくるので、母がテレビ局に取材をされたことがありました。

金丸 名物ママなんですね（笑）。ぜひとも、「なぜ囲碁をお選びになったのか？」というお話を直接伺ってみたいものです。しかし、それだけ囲碁中心の生活をしていると、当然強くなっていくわけですよね。

万波 子ども向けの囲碁大会がたくさんあって、小学校3年生ぐらいから参加した大会で入賞したり、ベスト16に入ったりするようになりました。翌年にはベスト8になったりと、どんどん自分が強くなっていくのが感じられて、のめり込んでいきました。

金丸 囲碁を始めた頃は、負けることが多いと思います。勝つ喜びを知るというのは、少し時間

写真左から２番目が小学校６年生の万波氏。大会決勝にて、井上裕太６冠王と一緒に

が経ってからではないでしょうか。当時の自分を振り返ってみて、勝つ喜びと、負ける悔しさというのは、どちらが大きかったんですか？

万波　子どもの頃は、勝ったときの記憶はほとんどありません。負けて大泣きした記憶ばかりです。

金丸　毎回、大泣きしていたんですか（笑）。

万波　はい。教室中に響き渡るような大声で、ウワーッと大泣きしていました。あまりにも大きな声なので、違うフロアにいる姉が駆けつけてきて、いつもなだめてくれていました。

金丸　周囲の（囲碁の）お友達で、同じように負けて大泣きする人はいましたか？

万波　いや、あまりいませんでしたね。

金丸　きっと、万波さんは小さい頃からたくさん悔しい思いをしたからこそ、強くなられたんでしょうね。

万波 やはり、勝負の世界は、負けず嫌いのほうが強くなると思います。悔しさから、相手のことを研究しますからね。

■小学校4年生から日本代表に。世界を相手に戦い、プロの世界を意識

金丸 実際にプロになることを意識したのは、いつ頃なのでしょうか？ 囲碁を始めた小学校低学年からプロを目指していたわけではありませんよね。それとも、もう目指していたのでしょうか？

万波 本格的にプロを意識し始めたのは小学校4年生ぐらいからですね。それまではプロの道もあるんだな、ぐらいにしか思っていませんでした。

金丸 そんなに早くから、プロを目指していらっしゃったのですね。何かきっかけがあったんですか？

万波 そうですね4年生頃から、いろいろな大会の代表になり始めたのがきっかけです。

金丸 どのような大会だったんでしょうか？

万波 ひとつはアジア大会ですね。日本、中国、韓国、台湾の団体戦です。もうひとつは、世界

大会です。日本の中でも2人しか出られないような大会でした。

金丸 その時点で、すでに日本代表に選ばれ、世界を体感し、プロの世界を意識していたんですね。そもそも囲碁のプロになるには、どのような条件があるんですか？

万波 まず年齢制限※がありまして、日本棋院の棋士採用試験では23歳未満となっています。

金丸 年齢制限があるというのは、珍しいですね。

万波 囲碁の世界では、義務教育が終わり次第、囲碁の道に入ります。中学を卒業して、一心不乱にプロを目指して……。でもなれなかった場合に、就職が困難になってしまうというのが（年齢制限を設けている）理由のようです。とくに男性の場合は大変ですよね。ただ、現状年齢制限はないほうがいいのではないかという話があり、私も賛成しています。アマチュアでも強い方は多くいらっしゃいますし、結局プロになるかならないかは、囲碁と出合うのが遅いか早いかだけの問題。もっと囲碁の間口を広げてもいいのではないかと思います。

金丸 アマチュアの人でも、要は勝てばいいわけですからね。

■自分をブレイクスルーしたメンタルの成長

金丸 これまででとくに印象に残っている戦いはありますか？

万波 プロ試験のときの一局です。プロ試験に合格するには、合同予選と本戦を勝ち抜かなければなりません。本戦は6〜10名でリーグ戦を行い、1名のみが採用となります。その2局目か3局目だったと思います。当時の私は非常にメンタルが弱くて……。

金丸 それは意外ですね。

万波 当時はちょっとでも形勢が悪くなると、諦めてしまうことがありました。苦しくなると早く終わりにしたくて、投げやりな手を打ってしまうことが多々あって……。なので、メンタルを鍛えるために韓国に修業に行きました。当時の韓国は世界一強い国でしたし、外国人を受け入れる囲碁道場があったからです。帰国してからプロ試験を受けました。そのときも形勢が悪く、これまでの自分であれば諦めてしまうような状況でしたが、1時間ほど耐え抜いて、考えに考えたところ、突然光が射した瞬間があったんです。これが起死回生の一手になり、一気に形勢逆転できました。たぶん、いままでの気持ちが弱い自分だったら、その手は打てていなかったはずです。メンタルの成長が、自身の向上につながった。そういう意味で、非常に印象的な対局でした。

■囲碁の盤面では経営と同じことが起こる

金丸 私は3年前に囲碁を始めたんですが、囲碁に興味を抱いたのは、まさに経営と似ているからなんです。

万波 確かに、そうおっしゃる方は多いですね。具体的にはどのようなところに共通点をお感じになったんですか？

金丸 経営の世界は、お金も時間も人材も無制限にあるわけではありません。すべて制約条件があります。同じく囲碁も19×19という限られた条件の中で陣地の取り合いをしなければなりません。それに自分がここを取りたいと思っても、相手によって流動的に局面が変わりますよね。経営の世界も常に外部の変化にさらされていて、たとえば、現在、日本企業がリードしている業界でも、突如、外資系企業が新製品を大々的に出してきて、シェアを奪われるといったことが起こるわけです。その動きを見て、あらゆる局面に対応しなければならない。つまり、相手ありきで、必ず全部を取れることはない、ということなんですね。

万波 おっしゃる通りです。囲碁の世界も、まさに同じだと思います。

金丸 経営でも、戦略を立て、野心と欲望で進んでいっても、途中で市場のシェアを取れそうにないことがわかったら、早期撤退しないといけません。その判断が遅れると傷が深くなります。囲碁でたとえれば、失う石が多くなって、相手方にダブルで加算されてしまう。撤退も早いに越したことはないのです。その一方、先ほどの万波さんの話のように、対局の途中で諦めたくなったときでも、諦めてはいけないという、この攻めと守りの組合わせ・バランス感覚が、経営に通じる部分なのだと思います。判断には、局地戦と大局感の双方が必要になる。自分がリーダーになったときと同じことが、まさに盤面で起きるのです。経営に関する言葉にも、囲碁で使う言葉からきているものが多いことに驚きます。

金丸 「布石を打つ」や「捨て石」、「駄目」という言葉は、囲碁からきていますよね。

万波 これが偶然だとは思えません。囲碁の戦いは、業界内のシェア争いのようなものです。100のシェアを取れるかというと難しい。過半数の51を取ったら勝者になれますが、そうもいきません。2社の戦いであれば、過半数を取りにいく勝負ですが、現実の世界では、競合が10社も20社もいるわけですから。さらに、過去の成功体験を学んで、いまに活かしていく点も似ていますね。囲碁の場合、先人たちが研究し尽くしてきた結果として、こういう打ち方をすれば石を取れるというセオリーが、ある程度決まっています。

万波 過去に学びながらも、現状において戦略がどんどん変わっていく。これは、非常に囲碁と

対談の舞台『鉄板焼 恵比寿』

金丸　経営が似ている部分なのかもしれませんね。実際、囲碁でも次々にイノベーションが起きていますよね。スピード重視の布石を特徴とする中国流※とかありますね。

万波　いまは中国流に変化をつけて、より柔軟性の高いベトナム流※とかもありますからね。以前はこれが絶対に正しかったというものも、どんどん変化していますね。

金丸　だから定石だけではなく、攻め方と守り方の両方において、常に進化を続けなければなりません。そういった意味でも、リーダーを目指す人にはぜひ囲碁をやっていただきたいですね。

万波　そう言っていただけると非常に頼もしいです。囲碁はいま、世界にも広がりつつありますからね。

金丸 囲碁というと、東アジアで盛んなイメージが強いんですが、いま世界でどれくらい広まっているのでしょうか？

万波 中国や韓国では、かなり盛んに行われています。全世界では60カ国ほどに広まっていると聞いています。たとえば、フランスは非常に囲碁が盛んですし、強いんですよ。

金丸 フランスが強いというのは意外ですね。囲碁のどういった点が受け入れられているんですか？

万波 囲碁をすると、戦略的な思考を身につけられるようになる点が注目されているようです。また、漫画『ヒカルの碁※』の人気もあり、囲碁を始める子どもが増えているようです。日本の囲碁協会も海外への普及活動を積極的に進めているので、私も今年こそは英語を勉強して、海外の方に囲碁を教えたいと思っています。

■囲碁から垣間見える経営者ならではの気質

万波 囲碁を嗜む経営者の方々には、共通する興味深い特徴があると思います。それは、皆さん〝100点満点を取れる手〟をすべて教えてほしい、とおっしゃることです。

金丸 100点満点というのは、どういう意味でしょうか？

万波 一般の方は、定石※を的確に覚えるよりも、おおまかに「このあたりに置けばいいんですよ」ということを教えてください、というケースが多いんです。一方、経営者の方は、どこに打てば100点なのかを全部覚えようとします。こちらが「100通りあるから難しいですよ」と言うと、「すべて覚えるから、教えてくれ」とおっしゃいます。これは経営者以外の方にはあまり見られない傾向ですね。

金丸 私もここに石が来たときはこうやると有利になる、という手を全部教えてくれと言いました。それを何回もシミュレーションして覚えました。

万波 一般的に覚えることを敬遠する方が多いです。私もそうなんですが（笑）。

金丸 私はゲームで囲碁をすることもあるんですが、ゲームのよさは、負けたときに遡れることです。あのとき、ここに打っていれば、展開が変わっていたんだな、ということがわかります。

万波 失敗から学ぶということですね。すごく大切な姿勢だと思います。

金丸 先日、ある方と一局設けまして、最初は私の読み通りの展開になりました。これは勝てそうだなと思っていたところ、それが心の隙になってしまったんですね。大石※を取ることばかり考えていたら、ひとつ間違ってしまったんです。その結果、逆に窮地に追い込まれて、負けてしまいました。

万波　欲を出すと、そのような結果になることが多いですね。

金丸　すごいショックで、普段の仕事では引きずらないのに、２週間ぐらい悔しさを引きずってしまいました。

万波　私が教えている経営者の中には、対局に負けて「自分の人間性を疑う」とまで言った方がいます。経営者の方には、そういった負けず嫌いな傾向が絶対に見られますね。

■読者に伝えたい、囲碁のススメ

金丸　もし万波さんが読者に囲碁の魅力を伝えるとしたら、どのように伝えますか？

万波　いくつかありますが、まずは軽いところから（笑）。囲碁が強い男性は、囲碁好きな女性にすっごくモテるんですよ。

金丸　本当ですか？

万波　本当です。以前、囲碁ファンの女性の方々と一緒に七夕のお願いごとをしたことがありまして、その短冊を見ていたら、多くの女性が「囲碁の強い人と付き合えますように」と書いていて、びっくりしました。

金丸　英語のレッスンに通っている人が、英語が得意な彼氏を欲しがるのと同じですね。逆に女性に対して囲碁を薦めるとしたら、いかがですか？

万波 囲碁好きな方は男性の方が多いので、やっぱりお姫様になれます、とお伝えしたいです（笑）。実際に囲碁を通じてお付き合いを始めた方、ご結婚された方もたくさんいますしね。

金丸 そういった側面もあるんですね。ほかには、いかがでしょうか？

万波 経営に携わっている方、そういったポジションを目指している方にこそ、囲碁を薦めたいです。いま、囲碁を趣味にする経営者の方々が本当に増えています。それは、今日の話にもあるように、やはり囲碁には経営に通じるものがあると思ってくださっているからなんですね。囲碁というのは、何も考えずにガムシャラに打ってもダメなんです。最初に戦略を考えることが重要ですし、相手の出方によって、まったく違う手を考えなければなりません。囲碁を通じて、様々なことが学べると考えています。

金丸 同感です。とくにリーダーを目指す方には、ぜひチャレンジしていただきたいですね。きっと学ぶことは多いと思います。本日はありがとうございました。

※**詰碁**…囲碁の部分的な死活（石の生き死にのこと）を問う問題のこと
※**年齢制限**…プロになるためには、公益財団法人日本棋院が行う棋士採用試験を受ける必要があり、23歳未満という年齢制限が設けられている
※**中国流**…囲碁における布石手法のひとつ。星・小目・辺の星脇を組み合わせた配置
※**ベトナム流**…右上空き隅、小目、相手の星へのカカリから星脇へのヒラキまでの一連の配置。中国流と位置関係が似ているために、このような呼称となっている
※**『ヒカルの碁』**…『週刊少年ジャンプ』にて連載されていた囲碁を題材にした漫画。小学生・中学生に囲碁を浸透させ、囲碁ブームを起こした。日本のみならず、数多くの国で翻訳され、人気を集めた
※**定石**…ある局面で最善とされる一定の打ち方
※**大石**…大きくつながった一連の石のこと

SPECIAL TALK 09

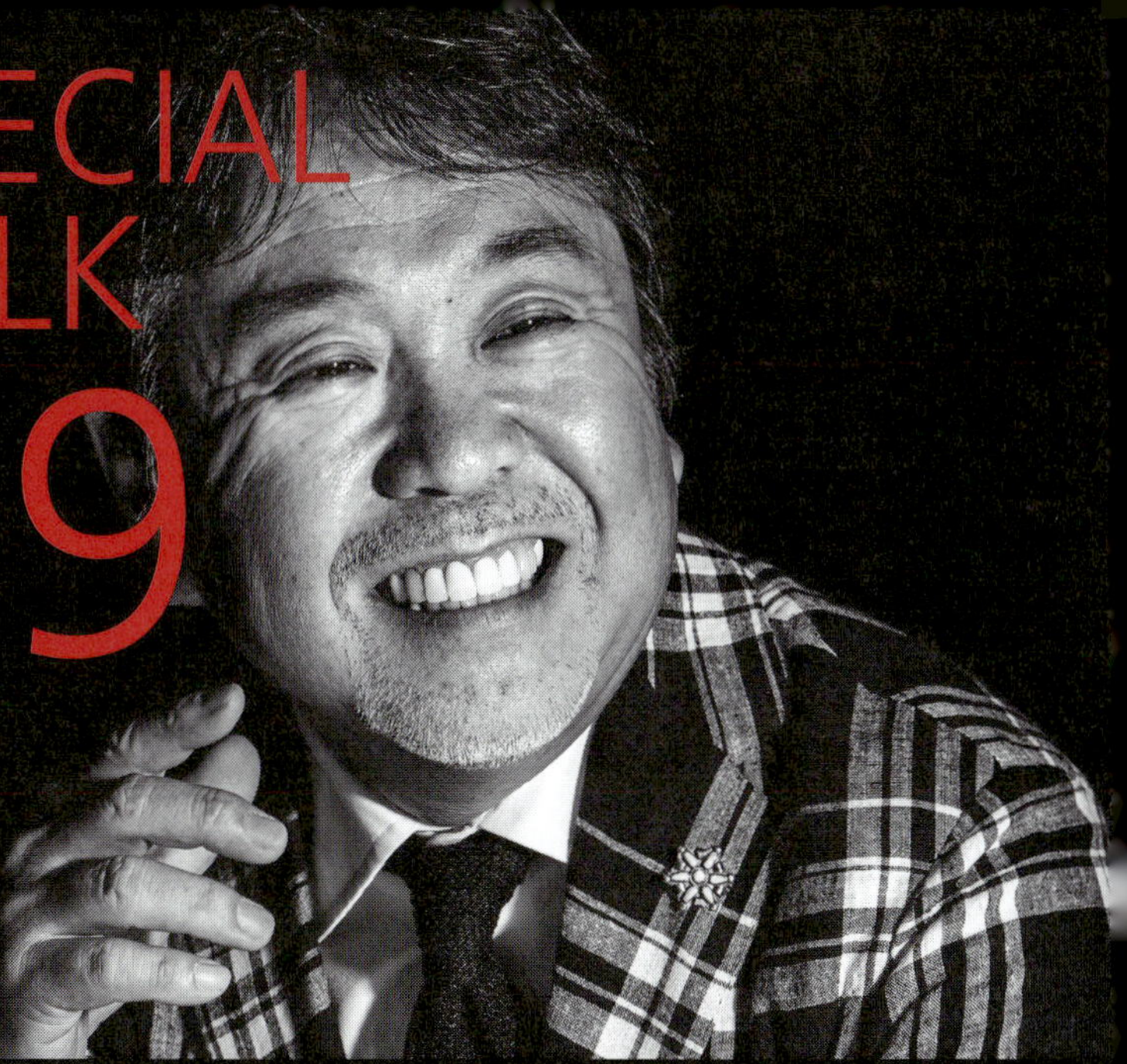

株式会社ビームス
代表取締役

設楽 洋氏

PROFILE

1951年、東京・新宿区生まれ。慶應義塾大学経済学部卒業後、電通入社。イベントプロデューサーとして数々のヒットを飛ばす。受賞歴も多数。その後、1976年、同社勤務の傍らビームス設立に参加。1983年、ビームスおよび新光株式会社の専務取締役就任。1988年にはビームス、新光、株式会社ビームスクリエイティブ代表取締役社長就任。

Special Talk 09

株式会社ビームス
代表取締役

設楽 洋氏

時代の流れを見極め、一歩先に手を打つこと

1976年。たった6・5坪からスタートした「ビームス」。いまとは違い、海外からの情報が少なかった時代に、アメリカのかっこいいライフスタイルを提案するというコンセプトを打ち出し、若者を中心に絶大な支持を集めた。いまやその店舗規模は全国150店舗にも及ぶ。ゼロから創り出す喜びと、それを受け取った人々が幸せになる様が何より好きだという設楽洋氏。

旬に凌駕されるファッション業界において40年以上にわたり、人々に選ばれ続けてきた「ビームス」。そこには時代の流れを見極め、一歩先に手を打つことで乗り切ってきた設楽流の経営判断があった。本対談では戦後に新宿で生まれ、日本の高度経済成長とともに育ってきた設楽氏の原点に迫りつつ、時代の転換点をいかに味方につけるか、そのヒントが語られている。

金丸 本日はお忙しいところお越しいただき、ありがとうございます。まずは幼少期のことから伺いたいのですが、設楽さんはお生まれが東京ですよね?

設楽 戦後間もない1951年に、新宿で生まれました。まさに世紀の半ば、ミッドセンチュリーのど真ん中に生まれ、まだ戦後の名残がある中で育ちました。

金丸 新宿のお生まれなんですね。

設楽 新宿の柏木と呼ばれていたエリアです。大久保と東中野の中間にある淀橋市場の近くでした。子どもの頃は午前中の競りが終わると、市場の中でよく遊んでいました。

金丸 当時、新宿の眺めというのは、どのような感じだったんですか?

設楽 富士山がクッキリと見えていましたよ。周りに住んでいる人たちはみんな貧乏でしたね。家の裏の原っぱに土管が積んであって、そこにゴザがかかっていて、ホームレスが住んでいました。新宿の大ガードの脇にも、ホームレスがたくさんいるような状況でした。そこから数年で大きく変化していくんです。家にテレビがやってきた日のことは、いまも鮮明に覚えています。力道山のプロレスやディズニーアニメ、アメリカのホームドラマを観て、すごく憧れましたね。男はアメリカに憧れ、女性はパリに憧れる。単純な時代でした。

金丸 まさに、戦後から高度経済成長期の真っただ中を生きてきたわけですね。お父様はどんな

設楽　方だったのでしょうか？

父は昔、船に乗っていました。その後、水産会社に勤めたのですが、結核を患ってしまい、会社を辞めて自分で事業を起こしました。段ボールのパッケージの会社です。自宅の脇に小さい工場があり、数人の従業員が住み込みで働いていて、母が料理を作っていました。母はいつも「工場には近づいちゃダメよ。危ない機械がいっぱいあるから」と私に言っていましたが、そう言われると、近づきたくなってしまうんですよね（笑）。また、私の名づけ親は、父です。太平洋から一字とって「洋《よう》」とつけてくれました。たいがい「ひろし」と呼ばれてしまうんですが（笑）。

■創意工夫の原点は幼少期。何もないことが想像力をかき立てる

金丸　小学校はどちらに通っていたんですか？

設楽　国立の東京教育大学附属小学校（現・筑波大学附属小学校）です。

金丸　そうなると、地元にいた頃と遊びも大きく変わったんではないですか？

設楽　いえいえ。国民の大半が貧乏だった時代なので、大差ないです。いまのようにおもちゃはなかったので、何でも自分で作って遊んでいました。手先の器用な親父の血を引いてい

ヨーロッパ放浪中の設楽氏。1974年、ロンドンにて

るからなのか、創意工夫するのが好きでしたね。割り箸に輪ゴムをつけて、鉄砲のようなものを作ったり、腹話術の人形を作ったりしていました。家業のおかげで、家には段ボールの破片がたくさん転がっていたので、それを手にしては「何を作ろう?」「何が作れるだろう?」と想像し、ワクワクしていました。考えるのが好きなのはその頃からですね。いまの私につながっていると思います。

金丸 何もないというのは決して悪いことではなく、いろいろなものを生み出せる可能性を秘めているんですよね。

設楽 すごくそう思います。モノと情報がないことで、かえって創意工夫の能力が高められたように感じます。それこそ、自分の頭ひとつですからね。同じ材料なのに出来上がったものを見比べると、ほかの人とは全然違う作品に仕上がっていて、驚いたり。いまの時代はいろいろなものが揃ってはいますが、昔のほうがいい意味でシンプル。楽しめた部分も多いと思います。

金丸 いまや答えに辿り着くまでのプロセスが、ワンタッチでできる時代ですからね。しかし、指一本で手に入れたものと、苦労して手に入れたものでは、重みがまったく異なります。

設楽 そうですね。私がビームスを始めたのは1976年なのですが、当時は欲しい情報を得るために必死でした。誰に聞けばいいのか、どこに行けばそういう人に会えるのかを必死に考えて走り回り、それでも手に入らないことがありました。いまはキーを叩けば、一瞬で答えが出てしまいます。心の底から欲しくて、手に入らなくて、それでも探してやっと手に入れる喜び。そういう喜びを享受できる時代に生まれて、本当によかったと思っています。

■大学時代、横須賀の基地内でアメリカの生活に魅了される

金丸 中学・高校は、東京教育大学附属中高等学校（現・筑波大学附属中高等学校）を経て、慶應義塾大学経済学部に入学されます。ちょうど学生運動が盛んな時期ですよね。

設楽 団塊の世代のちょっと後なので、学生運動の名残がありました。慶應大学も校舎が封鎖されて、授業を受けたくても受けられない状況でした。といっても、私は遊ぶことしか考えていませんでしたけどね（笑）。中学、高校と部活動のサッカー部で鍛えられ、浪人生活も送ったので、大学に入ったときは、遊びたい欲求が限界を超えていました。入学したら絶対に軟派なサークルで遊ぼうと（笑）。結果、広告研究会と、かわいい子に釣られてテニスサークルに入りました。晴れたら湘南、雨が降ったら雀荘という生活でしたね。

金丸 一気にたがが外れたわけですね。

設楽 そうですね。そして、ここで「アメリカとの出合い」を果たすことになりました。広告研究会では毎年夏に、湘南の葉山でキャンプストアを開いていたのですが、ここで横須賀の米軍の子どもたちと友達になったんですね。それで、年に何回か一般の人は入れない米軍基地内に入れてもらっていました。基地には、これまで見たことのない「本物のアメリカ」がありました。芝生の上に将校の住む白い家が建っていたり、大きな犬が走り回っていたりね。庭にバスケットのゴールリングがあって、子どもたちがバスケをしている。その子たちの足元を見ると、見たこともないカッコいいバッシュを履いているんです。あれはどこで買えるんだろう、と思いました。いまと違って当時は、彼らが着ているものや履いているものは、どこにも売っていなかった。たまに基地内のバザーで買えるけど、大きすぎて自分に合うサイズじゃない。このときの気持ちが、ビームスの原点です。欲しいけれど、買えるところがないという。

金丸 それは幸運な出合いでしたね。日本にいながら、アメリカを感じることができたんですね。

設楽 当時のインポートマーケットというのは、たとえば百貨店の特選階にある、グッチ、エルメス、ヴィトンなどのハイブランドか、アメ横・横須賀の米軍放出品の二択しかありませんでした。ハイブランドと日用品の中間にあるはずの、有名じゃないけど、いいものというのがまったく手に入らない。ひたすら情報を渇望していた時代でした。

■クリエイターへの憧れから広告業界へ。同時に家業で小売業をスタート

金丸 大学卒業後は、電通に就職されました。電通を選んだ理由は?

設楽 一芸に秀でた人、たとえば大工やミュージシャン、デザイナーへの憧れがずっとありました。それで一芸に秀でていない私が、クリエイターに近づくためにはどうすればいいのだろうと考えたとき、広告の世界かなと思ったんです。プロを集めてプロデュースするのも作品のひとつかなと。

金丸 なるほど。同じ時期に、家業ではお父様が新規事業をスタートさせていますよね。

設楽 はい、オイルショックの影響で大打撃を受け、家業が傾きかけたんです。段ボールだけではもう食べていけないと、経営の多角化を図るために、洋服を扱う小売業を立ち上げました。小売業を選んだのは、父自身がオシャレだったことと、日銭が入る商売がいいと判断したから。私が就職した翌年の1976年のことです。

金丸 ということは、当時、電通で社員としての仕事と家業の二足のわらじを履いていたということなんですか？

設楽 当然のことながら、副業は禁止です。上司に呼ばれて「お前、副業やっているだろう？」と言われたこともありますが、「いやいや、副業はそこからお金を得ることですよね。私は逆にお金をつぎ込んでいるんです」と反論していました。言うなれば、趣味の延長ですからね。結局、電通に在籍した8年のうち、7年はビームスと両方やっていました。

金丸 電通での経験が、いまでも活かされていると思うことはありますか？

設楽 モノの考え方や組み立て方を学べたことは大きいですね。いまでも非常に役に立っています。それから人脈やブレーンの使い方、経営者の在り方も学ばせていただきました。経営者には2種類あり、ひとつはマネージメント型、もうひとつはソフト型です。私はどちらかというとソフト型。ノウハウのある人たちを集めて、ひとつのものを創り上げていくのが得意だということに、気づくことができました。

金丸　初期のビームスといえば、平凡出版（現・マガジンハウス）の『POPEYE』とのつながりが強い印象がありました。

設楽　そうですね。当時、電通は築地にあり、橋を渡ったところに平凡出版がありました。歩いていたら、たまたま学生時代の悪友に会いまして。それが、現在、雑誌『ソトコト』の発行元である木楽舎で社長をやっている、小黒一三です。彼を通じて、『POPEYE』の編集の方々と知り合いました。彼らにアメリカの流行を教えてもらい、その商品を私たちが買い付けて、雑誌に掲載してもらうというサイクルが出来上がりました。

■LAで出合ったセレクトショップの原点

金丸　ところで、「ビームス」という店名の由来は何でしょうか？

設楽　父の会社が「新光」という屋号でしたので、「新しい光だからビームはどうか？」と父が提案し、そこにSをつけたのが私です。

金丸　お父様との合作なんですね。

設楽　そこから、さらに意味が加わっていき、いまでは英単語のBEAMの訳などから、3つの意味を持たせています。ひとつは「光線」のビーム。そして、人の文字のように重なって、屋根や船を支える「梁」の意味のビーム。あとは、動詞でbeaming faceの意。「太陽に向かってほほ笑む」とか「極上の笑顔」という意味なんですが、うちではそれを「極上の笑顔を世の中に提供していこう」というふうに捉えています。

金丸 小売業には様々なビジネスモデルがありますが、セレクトショップにしようと思ったのはなぜなんですか？

設楽 実は、当初から構想があったわけではありません。セレクトショップという言葉もない時代でしたから。

金丸 では、どこからこのような発想が生まれたのでしょうか？　非常に革新的だったと記憶しています。

設楽 初めてロスに渡ったとき、知人の紹介でＵＣＬＡの学生のドミトリーを訪ねました。そこでは、学生がみな部屋に違うものを飾っていて、造りは同じなのにどれも違う部屋に見えました。それがすごく鮮烈だったんです。どの部屋も個性に溢れていました。

金丸 その体験がいまのビームスにつながっていると？

設楽 そうですね。だから、最初はビームスの前に「アメリカンライフショップ」とつけていました。原宿で6・5坪。3坪は荷物を置いていたので、実質の売り場は3・5坪、7畳ですよ。それをＵＣＬＡの学生部屋に見立てて、パインテーブルを中心に置き、学生の部屋にありそうなろうそく立てがあったり、ジーンズやスニーカーをお香とかネズミ捕りと一緒に陳列してみたり。日本人の誰もが憧れていたアメリカの大学生のライフスタイルを、7畳の空間に再現しようといろいろ試しましたね。アメフトが好きな学生、音楽が好きな学生と、それぞれが自分のテイストでモノを選び、自分らしい部屋を作り上げている。そういう雰囲気をごく自然な形で、お客様に提案できていたと思っています。商品が売れたらまた買い付けに行って、ということを繰り返していくうちに、だんだん洋服中心の店になっていきました。

金丸 売れるものが残っていったということですね。商品も設楽さんご自身が興奮したものを選ばれていたんでしょうか?

設楽 そうですね。言うなれば、「これ好きな人は、この指止まれ!」というヤツです。テイストが合わない人は、もう仕方がないかなと。当時はとにかく情報が少なくて、若者はみな、情報に飢えていました。1976年2月にビームスがスタートし、その夏に『POPEYE』が創刊して、ようやく情報文化の発信が始まったように思います。

■ルーツは6・5坪。40年で150店舗に成長

金丸　設楽社長が、これは事業としていけるなと確信したのは、いつ頃からでしたか？

設楽　電通に入って7年目ぐらいでしょうか。

金丸　会社を辞める前に、いけそうだと踏んだわけですね。

設楽　そうです。ちょうど辞める前に、小さな店があと3店舗オープンしていました。

金丸　2店舗目は渋谷ですよね。

設楽　はい、2店舗目も同じく6・5坪でした。

金丸　両方合わせて13坪。それでいけると確信されたわけですね。それはとても貴重な経験談だと感じます。私はいつも若い人に、「ルーツを見なさい」とアドバイスしています。ルーツを探れば、その企業が何を大切にしているのか、どのような理念を持っているのかがわかるからです。

設楽　そうですね。最初のお店を作ったときの予算は50万円。ほとんど自分たちで手作りして、難しいところだけ大工さんにやってもらいました。金丸さんも同じようなところからのスタートですよね？

金丸　私もお金がなくて、知り合いの会社から机をひとつ借りてのスタートでした。ところで、地方の最初の店舗はどこに出店されたんですか？

設楽　熊本です。

金丸 それは意外ですね。どういった理由からでしょうか？　九州出身として、非常に気になります（笑）。

設楽 普通、東京の次は大阪とか名古屋、福岡ですよね。熊本にした理由は単純で、うちのことをわかっていて、やりたいと手を挙げてくれた人がいたからです。だからやっていただいた。ただ、それだけです。

金丸 マーケティングの結果ではないんですね。それは面白い。私も、ビジネススクールに行くより旅に出ろ、という主義ですから、非常に共感できます。

設楽 もちろんマーケティングも大切ですが、実績がないところに道を作るには、マーケティングだけじゃダメなんです。なぜなら、私たちがいるファッション業界は非常に浮き沈みが激しく、何万軒ものお店がしのぎを削っています。モードを取り入れたり、リーズナブルであったりと、目指す方向はそれぞれ違いますが、取り合うパイは同じです。その中にも必ず狙えるゾーンはあるので、大ヒット商品の二番煎じ、三番煎じでおいしいところを持っていくことも可能です。しかし、真似するだけでは、事業を継続させることが本当に難しい。お客様にすぐ飽きられてしまいます。

金丸 企業の最大のリスクは、陳腐化することだと思います。ほかと何か違う個性がなければ、差別化は図れません。

設楽　お店が陳腐化することをいかに防ぐか。私も小さい失敗を繰り返しながら学んでいきました。

■数字に表れたときには引く。陳腐化を防ぐビームスの商品作り

金丸　ちなみに、いままで経営危機などはありましたか？

設楽　基本的には右肩上がりで成長することができましたが、大量の在庫を抱えて窮地に立たされたことが、何度かありました。面白いことに、こういう危機は必ずブームの後に起こるんですね。その中で、どうにか乗り越えてこられたのは、メンズが中心だったからだと言えます。ビームスの売上高に占める割合は、メンズが6割、レディースとその他が合わせて4割です。メンズの場合、緩やかにブームが来て、緩やかに下がっていきますが、レディースは一気にブームがやってきます。当たれば大きい分、外した場合の被害も大きい。

金丸　メンズとレディースで、売れ方がそんなに違うんですね。

設楽　違いますね。実は、POSのデータが跳ね上がったときは要注意なんです。その商品からそろそろ引かないといけません。すごく売れる半面、ほかの店も同じような商品を出し

てきますから。そうなると一般的なマスのお客様が、ワーッと殺到する一方で、流行に敏感なインフルエンサー層の方は「まだこんなことやっているのか」と去っていく。気づいたら、感度の高いお客様から見放されてしまっていた、という状況になりかねません。それだけは避けたいと思っています。つまり、商品は〝コク〟と〝キレ〟を前提に選ぶことが大切だと考えています。モノの質へのこだわりが〝コク〟。職人気質であったり、ディテールの細かさ、伝統を重んじたプロダクトだったり。その逆として、トレンドの要素を孕んだもので、いま面白いものが〝キレ〟。これらをバランスよく配置することで、顧客の皆様にビームスの存在を認知していただくわけです。そして、商品が爆発的に売れた際には、引き際の見極めが、非常に重要です。

金丸 いまやブランドも寡占状態ですからね。

設楽 １９８９年頃に、シブカジのブームがありました。紺ブレにデニムにTシャツというスタイルです。渋谷中にシブカジの若者が溢れ、紺ブレが飛ぶように売れました。うちもそうですが、どのお店も倍々ゲームで製造し、そして、パタッとブームが止まりました。ここで引かなかった企業は、後に大きな在庫を抱え、結果的に倒産に追い込まれました。そんな会社をいくつも見てきたんです。このとき、ＰＯＳのデータから引き際を見極めることの大切さを、痛感しましたね。

対談の舞台『鮨 早川』

金丸 なるほど、当時、そんなことがあったんですね。データのほかに参考にされていることはあるんでしょうか?

設楽 流行に敏感なお客様の定点観測を重要視しています。

金丸 なるほど。私も東京駅の丸ビルの店舗をよく利用させていただいています。店のディスプレイを見て、いまのトレンドを摑むようにしています。

設楽 ありがとうございます。

金丸 世界から商品を厳選されていて、店舗によって、少しずつテイストが違うのも面白いですよね。これはどのような狙いがあるのでしょうか?

設楽 ビームスの特徴は、まさにそこです。いま全国に約150店舗あるんですが、それぞれが少しずつ違っていて、お店ごとに個性があるんです。店舗数だけを見ると、うちもチェーンストアと言えます。チェーンストア理論というのは、店舗運営を効率的に行うために、同じフォーマットで多店舗を展開し、利益につなげるということ。しかし、うちの場合は、その街や地域に合わせて、手作りに近い店作りを行っている。だから同じ洋服でも、渋谷と原宿と銀座とでは、コーディネートがまったく異なります。店の内装もすべて違います。一店舗ずつ違う作りにすることは、非効率的です。でも各店が商品選びやディスプレイにこだわり、それぞれが異なるコーディネートをお客様に提案することで、ビームス全体が陳腐化するのを防いでいます。

金丸　確かにビームスの新しいお店ができると聞くと、今度はどんな店なのだろうとワクワクします。

設楽　たとえば、「今度仙台に100坪の店を出店する」と発表すると、「次はどんなお店を出すんですか?」と言っていただくことがあります。そう言われているうちは、大丈夫だなと思っています。お客様に期待を感じてもらっている証拠ですからね。

■人々にハッピーな体験を。この時代だからこそのビームスの価値とは

金丸　創業時に比べると、セレクトショップの在り方も大きく変わってきていると思います。社

会情勢やインターネットの存在なども影響していると考えられますが、いまはどのようなお店作りをされているんですか?

設楽 昔は私たちがセレクトして見せることで、お客様に価値を提供することができました。しかし、いまは情報が溢れすぎていて、何が正しいのかがわからない状況です。セレクトショップの役割も、以前は見たことのない商品を取り寄せて見せることでしたが、いまは逆に、セグメントとキュレーションをすることではないかと考えています。

金丸 おっしゃるように、いまはキュレーションの時代ですね。セレクトショップという概念を作ってきた設楽社長だからこそ、役割の変遷を強く感じていらっしゃるのでしょう。ところで、現在の商品構成は、どのような割合ですか?

設楽 セクションによって違いますが、半分はバイイングの商品で、半分がオリジナルのプライベートブランド(PB)です。

金丸 ということは、社内にデザイナーや企画する人がいらっしゃるんですね。

設楽 製造は世界各国の工場を使っており、自前の工場は持っていません。Appleと同じ製造モデルです。ただし、うちの場合、デザイナーはいますが、PBでまったく新しい商品を作っているわけではありません。デザイナーには2種類のタイプがあります。ひとつはクリエイション、いわゆるアーティストタイプ。たとえばコム・デ・ギャルソンの川久保玲さんや三宅一生さんのような、いままで存在しなかったものを作り上げる人。もうひとつは、アレンジャータイプ。ラルフローレンやアルマーニなど、すでに存在するものを自分なりのセンスでアレンジする人。ビームスのデザイナーはどちらかというと、アレンジャータイプ。かつてあった名品を、素材を替えて現代風に再現したり、高額すぎて一般の人には手に入らないものを、手に届く商品として再現したり。これまでにも、イタリア製のミリタリーの復刻版を、オリジナルで作ったりしています。

金丸　お客様を驚かせよう、喜ばせようという強い気持ちを感じますね。

設楽　まさにそういう気持ちでやっています。コンセプトは、ハッピーライフソリューションカンパニーです。

金丸　アメリカンライフから、ハッピーライフへと変わっていったわけですね。

設楽　最近はもっと短く言えないかなと考えています。「ハッピーラボ ビームス」のような。というのも、洋服というのは極論、すでにみな持っているものであり、わざわざ買い足す必要のないものだと思うんです。では、何のために買うのか？　その答えは、買う行為そのものや、袖を通したときの喜び、人にプレゼントするときのワクワク感を感じてもらうためだと思っています。ビームスで買うことによって、ハッピーになってもらうことが目的であり、そうした体験を売っているんです。お客様に〝体験を買ってもらう〟

というコンセプトを、今後は当社の基本に据えようと考えています。実はいまファッションだけでなく、車や家電など異業種とのコラボもいろいろやらせていただいていますが、その根底には、買い物という体験を通して、ハッピーになってもらいたいという想いがあるんです。

■狙うポジションは〝外せないお店〟。ビームスが勝ち続けた理由

金丸 最後に、ビームスはこの先、どこを目指していくのか、将来のビジョンを教えてください。

設楽 スタッフには、ディズニーランドよりもアップルストアよりも行きたい場所か、ずっといたい場所を目指せ、と伝えています。なんとなく行きたい、なんとなくいたいと思うのは、そこにテクニックだけではない何かがある、という証拠だからです。ビームスは2016年に創業40年を迎えました。これだけ旬に凌駕されるファッションの世界で、今後も生き残っていくためには、お客様にとって「やっぱり外せないよね」という位置にい続けることが大切です。私は、ブランディングは連想ゲームだと思っています。たとえば5人の人に、「車といえば？」と質問したとします。1人目が「トヨタ」、2人目が「日産」と答えていき、1周したときに名前が挙がらなければ、意味がありません。

お客様が原宿や渋谷に行って、今日は5軒のお店を巡ろうと考える。そのうち1、2、3軒は話題のお店や新しいお店でしょう。私はそこと勝負するのではなく、4番目か5番目に必ず入る位置づけでありたいんです。「やっぱりビームスは外せないよね」と言われたい。または、通の方にとって「やっぱり、たまには見に来ないとマズイよね」というポジションでありたい。そうじゃないと、すぐにその他大勢の存在になってしまいます。40年近くこの位置にいられたのは、奇跡に近いことですが、今後もこの位置をしっかりキープしたいと思っています。

金丸 競争の激しい業界において、なぜビームスが最前線を走り続けてこられたのか、その理由を垣間見た気がします。はじまりは6・5坪から。そこから、いまの規模にまで成長してこられた。まさに若者に夢を与える話です。本日はありがとうございました。

SPECIAL
TALK
10

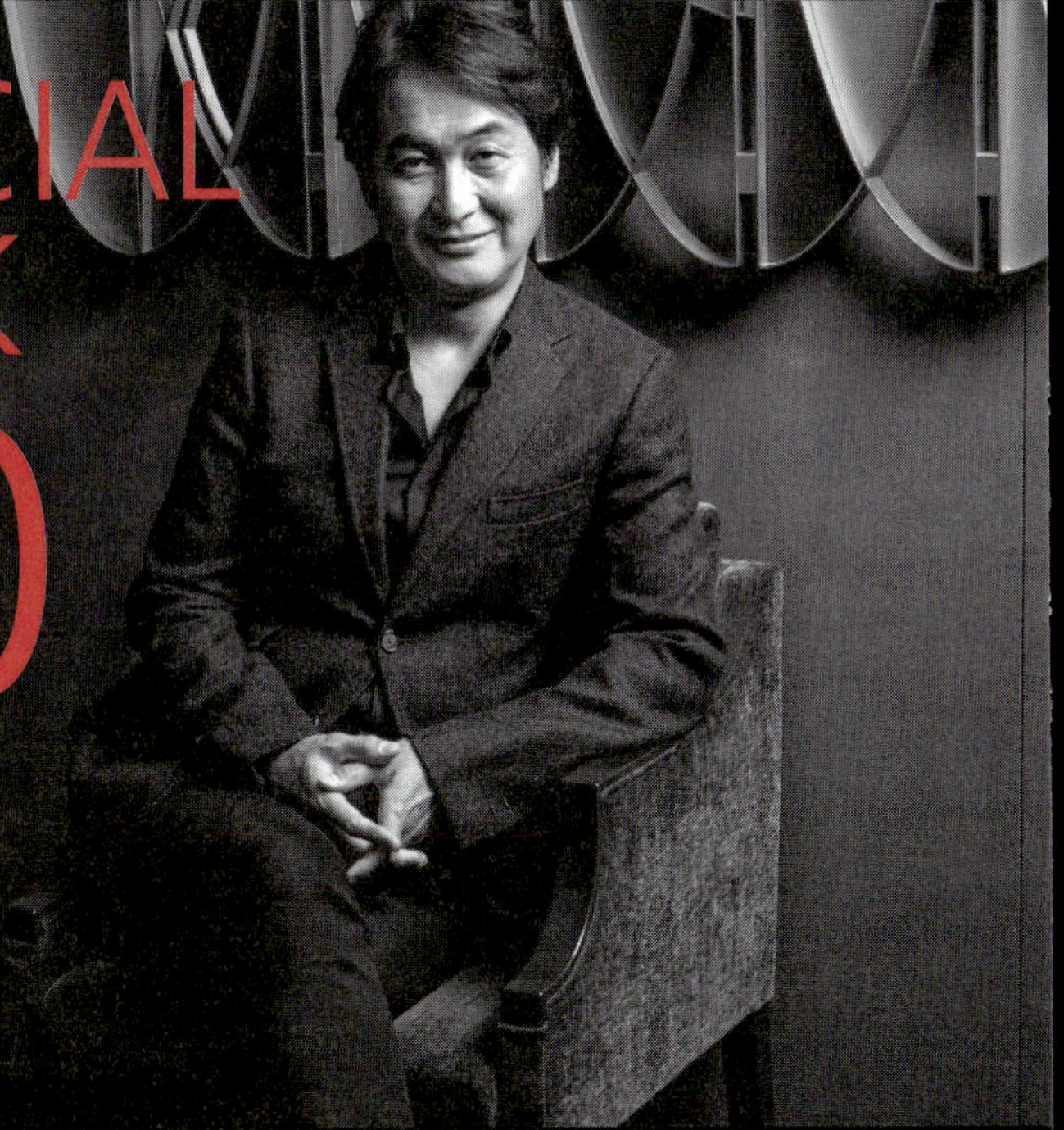

慶應義塾大学 政策・メディア研究科
特別招聘教授

夏野 剛氏

PROFILE

1988年、東京ガス入社。1995年ペンシルベニア大学経営大学院（ウォートンスクール）卒。ベンチャー企業副社長を経て、1997年NTTドコモへ入社。1999年に「iモード」の開発に携わる。現在は株式会社ドワンゴ取締役など十数社の会社経営に携わる傍ら、慶應義塾大学 政策・メディア研究科 特別招聘教授としての任も請け負う。

Special Talk 10

慶應義塾大学 政策・メディア研究科
特別招聘教授

夏野 剛氏

これからの世界における日本の戦い方。IT化が変えた働き方と、進化のスピード

携帯電話に音声通話以外の様々な機能を付加したサービスを展開し、一大ムーブメントを巻き起こしたドコモの「iモード」。その立役者こそが夏野剛氏である。iモードのビジネスモデルは、Apple社が研究対象とし、現在の快進撃に至るまで参考にしたと言われるほど、革新的なアイデアであった。

現在も最先端を走るITへの知見を武器に、慶應義塾大学教授、10社以上の社外取締役、テレビのコメンテーターに至るまで、その活躍はとどまるところを知らない夏野氏。日本人の働き方がダイナミックな変革を遂げている現代、本対談では日本の優位性を活かしたビジネスモデルのヒントや、グローバル競争を勝ち抜くために次世代リーダーたちがなすべきことが雄弁に語られている。

金丸 まず、夏野さんをどのような肩書でご紹介すればよろしいでしょうか？

夏野 大学教授の肩書で紹介いただくことが多いです。

金丸 大学ではどれくらいのペースで教えていらっしゃるのですか？

夏野 だいたい週1回です。ですが大学の授業期間は1年のうち7カ月しかありませんから、いろいろな企業の社外取締役もやらせていただいています。上場している会社だけで7社になりました。

金丸 それは、すごいですね。

夏野 非上場会社も入れると10社以上になりますね。思うに、ＩＴ社会になって一番変わったことは、ひとりが1社だけに所属することを決めなくてもいいということだと思います。ＩＴの進化によって、ひとりの人間が活躍できるチャンスが飛躍的に広がったんです。いまやどこにいても事務処理ができるし、人とのコミュニケーションがとれる時代です。複数の案件を同時に処理できるマルチタスクの時代が来ていると感じています。

金丸 確かにいつも会社のデスクにいる必要はなくなりましたね。

夏野 一日中、会社にいることに価値がある時代は、20世紀で終わりました。しかし、まだそういう価値観を持つ経営者も少なくありません。

金丸 ＩＴによって仕事のやり方ががらりと変わったにもかかわらず、ということですね。

夏野 そうですね。その一番の要因は、組織に属している人と、属していない人の情報収集能力の差が、ほとんどなくなったことだと思います。かつては会社から情報を提供されなかったら、情報不足で専門家にはなれませんでした。しかし、21世紀は興味さえあれば、どんどん情報を得ることができます。それこそ、わからなければGoogleで検索すればいいんです。

金丸 もはや個人の力と、20世紀型の旧態依然とした企業の組織力とが戦っても、必ずしも組織が勝てる時代ではなくなりました。

夏野 それは「組織力」の定義が変わったからだと思います。20世紀は平均的に何でもできる人、同じ色に染めて会社にとって使いやすい人を増やしてきました。ですが、21世紀はそれぞれ得意分野を持っている人や、その道のプロを集結させたほうが、組織力としては強力なんです。それを、ほとんどの経営者はまだわかっていないのではないでしょうか。

金丸 いや、わからないのではなくて、わかりたくないんですよ。つまり、それは自己否定になってしまいますから。

夏野 そう、自己否定です。我々はいつも「井の中の蛙になったらいけないよ」と言われて育ってきました。にもかかわらず、30年間同じ釜の飯を食ってきた人たちだけで役員が構成されるという20世紀型のマネージメントを、いまだに引きずっているんです。

金丸 先日、政府の消費増税に関するディスカッションに参加しましたが、マスコミも含め多くの方が、日本全国津々浦々でデフレが起きているかのごとく訴えていました。ですが、長く続いたデフレ時代に、デフレという言葉とは無縁なほど成長している企業もあるんです。目まぐるしい環境の変化に対応できている企業と、できていない企業があるというのが実情ではないでしょうか。

夏野 もちろん、マクロの視点は大切ですが、じゃあインフレにすれば全体の景気が上がっていくという考えは、もはや時代遅れです。なぜそのような状況に陥っているかをひとつずつ紐解いていくと、やはりそこには個々というものがあります。そのような状況では、これまでの価値観で経済問題を解決するのは難しいと思います。

金丸 おっしゃる通りです。

夏野 だからこそ、政府が社外取締役を事実上義務づけたのは、大きな変革につながるはずです。これだけでも〝井の中の蛙〟ではいられなくなる。僕は、社外取締役の過半数の設置をすべての東証上場企業に義務づければ、日本経済は復活するとさえ思っています。

■ITリテラシーの違いが生んだ、明らかな成長力の差

金丸　しかし、夏野さんは引く手あまたですね。テレビのコメンテーターまで器用に務めていらっしゃる。この人気は、どういうところにあるんでしょうか？

夏野　正直、自分では理由はわかりません（笑）。でも、日本には、ITの話で一歩引いて物事を俯瞰して見る人が意外と少ないんじゃないかなと思っています。ITの話でたとえるなら、僕はネットワークを専門に教えているんですが、技術者はテクノロジーの話はできるけれど、インターネットの出現によって社会がどう変わったとか、経済にどのような影響を与えたのかなど、ビジネスモデルがどう変革したかを語れる人はほとんどいません。反対に経営の専門家は、経営面では語れるけれど、ITのほうはあんまり、という人が多い。

金丸　その関連性をしっかり語れる人がいない中、夏野さんは経験則に基づいて話ができるから、非常に貴重な存在ですよね。

夏野　ITというテクノロジーによって、人類の進化スピードは一気に加速しました。それを顕著に示す数字があります。1994年からの20年間で、日本のGDPは2％しか成長していませんが、一方、アメリカは200％成長しているんです。これは経済規模が3倍になったことを意味します。同じ先進国なのに、この圧倒的な違いはいったい何なのか。経済のファンダメンタル（基礎的な条件）でいうと、まずは人口ですよね。確かにアメリカは、8000万人近く増えて3億2000万人くらいになっています。

金丸　人口が35％ほど増えているんですね。

夏野　ですから、２００％のうちの35％分は人口が要因だと言えます。しかし、残る65％の成長要因がはっきりしないのです。

金丸　確かにその成長率だと説明が難しいですね。

夏野　要因として唯一考えられるのが、それこそＩＴだと思っています。アメリカは官民が一体となって、ＩＴを社会制度やビジネスの慣習にも徹底的に取り入れてきました。それに対して日本は「なんとなく危ないんじゃないか」とか「セキュリティが……」とか様々な理由をつけて、積極的には取り入れてきませんでした。この違いが、成長率の差に表れているんだと思います。

金丸　日本はいまだに「竹槍」で戦っていますからね。

夏野　まさに、僕もよくその表現を使います。21世紀はみんな大砲を持っているよ、と。それなのにいまだに「竹槍で行け！」とはっぱをかけられているような状況で、なんだかまったく時代遅れな雰囲気を感じます。

金丸　発想が変わっていないということが根底にあるんでしょうね。

■キャリアを決定づける若かりし頃の衝撃的な原体験

金丸 ところで、夏野さんのキャリアのスタートはどのようなものだったのでしょうか?

夏野 実は、学生時代にリクルートで1年半、アルバイトをしていました。

金丸 非常に面白い会社ですよね。私も大学を卒業するときに訪問した企業のひとつが、リクルートでした。夏野さんは、リクルートの社員になりたいとは思わなかったんですか?

夏野 入社する気はありませんでした。というのも、リクルートではアルバイトはA職と呼ばれていて、社員とほとんど変わらない仕事をやらせてもらえました。本当にいろいろなことにチャレンジさせてくれましたね。私が学生だった80年代後半は、パソコンを使いこなせる人もあまりいなくて、自分でプログラムを組んでアンケートをとって、解析プログラムを作ったりしていました。

金丸 そんなプログラムを組める人は、当時なかなかいなかったでしょう。

夏野 そうですね。いまでも忘れられないのは、表計算ソフトなどの登場を機に、ビジネスのプロセスが一瞬で変わってしまったことです。いままでものすごく時間をかけてやっていたことが、ほんの一瞬で出来上がってしまう。懸命にプログラムを組んでいたのに、苦労してきたことが、たったひとつのセルですべてできてしまう。自分はこれまでいったい何のために頑張っていたんだろう、と思いましたね。大学の情報計算処理センターにこもって、ちまちまやっていたことが本当に馬鹿らしくなってしまいました。これが僕のいまの仕事につながる原体験です。「ビジネスにＩＴをどんどん取り入れていかなきゃダメだ」ってことを、このとき痛感したんです。

金丸　あれは本当に衝撃的でした。

夏野　新しいテクノロジーの誕生によって、自分がやってきたことの意味がいきなりなくなってしまう。そういう経験をしているかどうかは、経営者としてすごく大事だと思います。

金丸　我々の世代で最も画期的だったのは、インテルのＣＰＵが出てきたことですね。単に電子回路が置き換わっただけだと思っていたら、その四角いチップにプログラムが内蔵できるということに大きな衝撃を受けました。ビル・ゲイツやスティーブ・ジョブズも同じ世代なんですが、みんなそこに無限の可能性を感じたのではないかと思います。

大学を卒業して就職されたのはいつですか？

夏野　１９８８年です。昭和最後の年である、昭和63年に就職しました。

金丸　バブルの頂点の頃ですね。

夏野　就職先は選び放題でした。航空業界や金融機関などいくつも内定をいただきました。この業界に進んだらどんな未来が待っているのだろうと、いろいろ想像しましたね。「航空業界はキレイなCAさんがいて、最初は地方空港のカウンターに勤務して……」とか、「銀行だったら地方支店に配属されて、そこでなりゆきで結婚して……」とか。

金丸 そんなことまで！　想像力豊かですね。でもどうしてそんなに「地方」ばかりイメージしていたんですか？

夏野 うちの父が保険会社に勤めていて、転勤族だったのが原因かもしれません。小学校は5つ通いましたし、父が家に帰ってくるなり、「来週、引っ越しだから」なんてこともありました（笑）。

金丸 その思い出があるから、どうしても「転勤」のシーンを想像してしまうんですね。

夏野 ただ、学生の頃から「人生＝会社」になるのはどうなのかなと感じていました。会社のために頑張るのは全然構わない。重要なのは、いかに自分で自分を磨くかだと思っていたので、会社に拘束されずに間口を広くしておきたい、いろいろなことを経験したいと考えていました。

金丸 そして最終的に「東京ガス」を選んだんですね。

夏野 面白そうだなと思ったんです。いまでもユニークなCMをやっていますが、当時はさらに「何でもやるぞ！」という時代で、レストランやホテルまで経営していました。西新宿にある『パーク ハイアット 東京』もそのひとつ。東京のホテル事情を変えたのは、実は東京ガスなんですよ。それで面白い会社だなと。それに住居の移転が伴う転勤は、海外しかありませんでしたし。

金丸 なんだか東京ガスの学生就職ランキングが上がりそうですね（笑）。

夏野 入社後は、大規模都市計画におけるエネルギーシステムを開発する新規事業部隊に配属されました。何しろコンピュータオタクでしたから、それが理由かもしれませんが、とにかくめちゃくちゃ忙しい部署でした。クライアントはゼネコンや設計事務所、建築家といった、まったく畑違いの方たちでしたが、僕は基本的に新しいモノが大好きなので、いつの間にかその道に入り込んでしまい、ついには建築設計の専門誌のデザインコンペで入賞したこともあります。

金丸 好奇心が本当に旺盛ですね。

夏野 そこで頑張ったこともあって、会社にアメリカの大学院に留学させてもらえたんですよ。

金丸 それでＭＢＡを取得されたわけですね。会社を辞めるときは引き止められなかったんですか？

夏野 それが、上司や同僚が非常に心配してくれまして。「確か君は長男だよな？　親御さんは、東京に持ち家があるのか。じゃあ辞めても家のことは心配しなくていいんだな……なら大丈夫だ」なんて。この間も、東京ガスの役員会から講演に来てくれないかと、声をかけてもらいました。

金丸 なんだか東京ガスに親近感さえ湧きます。

夏野 だから相当迷いましたね。ただ、僕は留学先で学んだインターネットの知識をどうしても活かしたかった。その頃、インターネットの知識がある人はいませんでしたから、これは新しいビジネスを始めるための知識だと強く思っていました。ちょうどその頃、インターネットビジネスの起業を手伝っていたこともあり、「完全にこっちに来るか、完全に手を引くかどっちかにしてくれ」と迫られて、ここまで来たのなら行くしかないと転職を決断しました。でも、いまでも「東京ガスから留学した人の会」には毎年顔を出しています。同期もとても面白い人ばかりで、仲よくさせていただいています。

キャリアに廻り道はない。すべてが糧になる

金丸 私が最初に入ったのは、コンピュータを使った会計サービスを提供するＴＫＣという会社でした。入社後はすぐコンピュータをやるものと思っていたら、しこたま会計をやらされるわけですよ。仕事が終わった後に簿記学校に通っていました。

夏野 金丸さんたちの世代は、理系や技術系の人しかコンピュータに触れていなかったと思いま

す。でもそこで会計をやっていたからこそ、コンピュータはビジネスに対して汎用的な可能性があると感じて、その方向へ進んだんですよね。

金丸 そうですね。そのサービスを巨大なコンピュータで行っていたんですが、しばらくして世の中にパソコンが登場したときは、本当に驚きました。そして、パソコンの開発がしたいと転職したんです。転職先では16bitパソコンの開発リーダーとして、某メーカーにOEMを提供していたのですが、それだけだとつまらない。だから、自分でエンドユーザーを開拓しようと営業にも行きました。そのひとつがセブン‐イレブンだったんです。

夏野 それは面白いですね。

金丸 その後、全店舗の特注パソコンを受注することができました。なぜ受注できたかというと、TKCでの経験が大いに役に立ったんです。当時は公認会計士でも馴染みの薄かった、フランチャイズ会計という仕組みがあることを、僕は知っていました。数少ないフランチャイズビジネスをされているお客様を持っていたからです。

夏野 なるほど。そこで会計の勉強が活きたわけですね。

金丸 理系エンジニアチームなのに会計のわかるチームだったため、セブン‐イレブンとスムーズに話をすることができました。そうして店舗会計のアプリケーションを作りました。

夏野 どれくらいの期間で作ったのですか？

金丸 2週間です。

夏野 2週間！　それはすごいですね。

金丸 夏野さんはご自身での起業を考えたことはないんですか？

夏野 iモードがそうだったように、どこかの企業のプラットフォームを活用して新しいサービスを立ち上げるのであれば、そのほうが短期間で、経済効果も大きくなると思います。iモードもドコモでやったから、短期間であれだけの大きな器ができたわけで、売上も最盛期には年間1兆7000億円に達しました。まあ、それによって自身の懐が潤うわけではありませんが（笑）。ただ、それは自分で選べるものではないと思っています。そもそも、ドコモに入社したのも、その前の会社をつぶして、仕方なく入ったんです。だから、やりたいことがあったら明日起業するかもしれないし、あるいは来年、早稲田大学教授をやっているかもしれません（笑）。いまはいろいろな企業の取締役をやらせていただいて、どの企業にも依存せず、自分の思うところをはっきりと言う。これも僕の役回りだと思っています。時に、たくさん兼任するのはあまりよくないという議論もありますが、それは逆で、どの会社にも依存していないからこそ、正直に自分の思うことを言えるのだと思います。

金丸 それが本来の社外取締役ですよね。

夏野 そういう意味で僕みたいな存在がますます増えていくのではないでしょうか。今後の日本社会には必要ですし、社会的な意義も感じています。

金丸 夏野さんみたいになりたい、という人が私の周りにも非常に多くいます。

夏野 ある意味、もう自分の人生は、自分でコントロールできないと思っているんです。神様を信じているわけではないですが、でも、なにか天命みたいなものはあるんだろうな、と。だから東京ガスで都市開発の仕事をしていなければ、iモードのプラットフォーム発想だって出てこなかったかもしれません。Appleも、iモードのビジネスモデルをかなり研究したと聞きます。それくらいに突き詰めてビジネスを考えることができたのは、ありがたい経験です。そういうとき、何かに生かされている感じがするんですよ。きっと、あのとき東京ガスを選んだのも、いまにして思えば導かれるままと言いますか……。

金丸 ジョブズのあまりにも有名なスピーチにもありますよね。「点と点がどこかにつながると信じていれば、他の人と違う道を歩いていても自信を持って歩ける」と。

夏野 すべてはつながっているんですよね。ジョブズのスピーチは本当に心に響きました。いまはＩＴの伝道師のようなことをやっていて、政府のいろいろな委員会に呼ばれたり、オリンピック委員会のＩＴ担当参与の話もあったりするんですが、それはやっぱり自分で描いたプランではないんですよね。もちろん、期待される役割には１２０％で応えないといけないと思って、頑張っていますけど。

■絶対に負けない日本の強みは「日本」であるということ

金丸　日本社会の展望について、どのようにお考えですか？

夏野　いい話と悪い話があります。まず悪い話ですが、人口減少は深刻な問題だと思っています。だからこそ、子どもたちに対する施策を徹底的に行うべきだし、あらゆる対策を打つべきです。この問題に猶予はありません。

金丸　この対談でもよく出てくるテーマです。

夏野　子どもを家庭で育てるという前提は、もう捨てたほうがいいと思います。そもそも人類の歴史を振り返ってみると、常に父親、母親がいて教育をするのが当たり前とする時代のほうが、はるかに短いんです。たとえば保育園だけでなく、あらゆる教育・育児システムを用意し、社会全体で子育てをしていく。各家庭に任せるより、全体コストもかかりません。いい話は、日本にはこんなに不甲斐ないリーダーや経営者ばかりなのに、それでも国としてこれほどの競争力があるということです。

金丸　日本人としての個人の力ですよね。

対談の舞台『CROWN』

夏野 まさにその通りです。最近は「日本」という環境そのもののすごさも感じています。たとえば、コンビニでは多くの外国人が店員として働いていますが、「いらっしゃいませ」ときちんと言いますし、レジ前に長い列ができていたら、すぐに別のレジを開けて対応してくれます。日本では普通に見る光景ですが、上海のコンビニではそんなことをする店員は誰もいません。つまり、「日本」という環境が、労働品質を非常に高めているということなのです。

金丸 外国人労働者に対しては、自国が荒らされると思うのではなく、我々のメソッドを彼らに教育すればいいわけです。

夏野 日本には技術があります。ちょっと話は変わりますが、この間、話題になっている電気自動車のテスラに試乗したんです。そこで、一発で気に入り、その場で注文してしまいました。そのとき、テスラ社のイーロン・マスク氏が「この車は日本製だ」と言ったんです。80%は日本の部品を使っていると。

金丸 メイド・イン・ジャパンですね。

夏野 そして、デザインド・イン・カリフォルニアだって。iPhoneも同じですよね。部品の多くが日本製を使っています。つまり、日本には他の国の追随を許さない技術があるんです。

金丸 当社のグループ会社に、スポーツ用品のEC企業があるんですが、一部の商品をプライベートブランドとして中国で生産しています。先日、中国のEC企業とビジネスの話をしていた際、その商品を中国でも売らないかと聞いてみたら、「我々はメイド・イン・ジャパン以外は売らない。メイド・イン・チャイナは売りたくない」と言うんです。

夏野 日本には高い技術力と勤勉な人と、1650兆円にのぼる個人資産があります。さらに、上場企業の内部留保が330兆円もあるのです。技術と人と金。経営者の三種の神器が揃っているんですね。

金丸 しかも労働品質を高める環境もあります。これだけの条件があれば……。

夏野 負けるわけがないですよ。それを活かす最後のチャンスが、この10年なのではないかと思います。10年のうちにどれだけの改革ができるのかにかかっています。

金丸 ２０２５年が限度ですね。

夏野 ２０３０年になると、人口が１０００万人も減ります。そうなると、みないま持っている既得権益を手離したくないと思うようになってしまいます。だから正直なところ、２０２０年の東京オリンピックが開催される前に全部片づけてほしいんです。外国からお客様が来るから、きれいにしておかなきゃいけないというモードになっているときに全部片づけないと。人口減少が本当に日本経済に打撃を与え始めてからでは、改革ができなくなってしまいます。

■現状維持が最も危険。変えないことが最大のリスク

夏野 元気のない企業がたくさんありますよね。そこに一刻も早くプロの経営者を投入するべきです。

金丸 もう井の中の蛙はやめようということですね。

夏野 だから、クリストフ・ウェバー氏を社長兼最高経営責任者に招いた、武田薬品の長谷川さんはすごい決断をしたと思います。20年後、30年後に武田は正しかった、と確実に言われるでしょう。

金丸　実際にカルロス・ゴーン氏は日産の経営を立て直しました。サントリーも同族経営の流れから、今回新浪さんに経営がバトンタッチされました。

夏野　英断ですよね。新浪さんはダボス会議でもご一緒する機会が多いのですが、日本では数少ない、ひとりで国際的に勝負ができるリーダーです。そういう人間じゃないと、やっぱりグローバル企業は経営できません。

金丸　日本企業が抱えている最大のリスクは、環境が変わっているのに会社を変えようとしないことです。環境の変化に縮こまってしまい、無理して変えるよりも変えないほうがいいんじゃないかと思っている経営者が実に多い。これでは世界とは戦えません。

夏野　現状維持は最悪です。周りの環境が変化しているに、現状を維持するということは、結果的に退化することになってしまいます。

金丸　あとは、経営者がこれ以上政府に甘えずに、自分で頑張るということです。

夏野　いまはむしろ政府が、社外取締役を増やせと言っています。同一賃金同一労働も年功序列賃金体系の見直しも、すべて政府に言われているという現状です。とにかく民間の動きが鈍い。これははっきり言って、会社の将来をまったく考えてないということです。競争力をつけるためには、経営者は多様性があるほうがいいに決まっている。それを拒否するということは、つまり自己保身としか考えられません。

金丸 いまこそ民間が、そして経済界が覚悟を決めなくてはなりません。

■日本という価値ある国を売り出すビジネスモデルを

金丸 自国に対する「自尊心の高さランキング」の調査をしたら、日本は最下位だったそうです。

夏野 それはマスメディアも悪いと思います。

金丸 他の国から見たら、こんなにいい国はないでしょう。アメリカ人で東海岸出身の知人に日本に来た理由を尋ねたら、「自由の国と言うけれど、日本のほうがよっぽど自由でアグレッシブ。アメリカは保守的だ」なんて言っていました。海外に行けば日本のアニメーションは絶賛されています。スイスへ旅行中に漫画の『ワンピース』と『ＮＡＲＵＴＯ』の大ファンだという現地の美人に、流暢な日本語で「憧れの国」と言われたこともありました。

夏野 日本のカルチャーはもっと世界に受けるはずです。ですが、情報発信のやり方が本当に下手。クールジャパン戦略に関してもビジネスモデルの仕掛けをもっと練らないといけないと思っています。

金丸 「グローバル・スタンダード」というから、中国製品と戦わなくてはいけません。だったら「ジャパニーズ・スタンダード」を世界に広めるほうがいいのではないでしょうか。

夏野 ガラパゴス製品をどんどん作れっていうことですね。

金丸 かつて任天堂もそうでした。日本の技術はそれくらいの価値があるはずです。どこの国でも「メイド・イン・ジャパン」のニーズはすごいものがあります。

夏野 確かにマーケティングをやりすぎると、ヒット商品は作れません。

金丸 そうでしょうね。

夏野 消費者は新しいものはとりあえず否定します。iPhoneも、発売前の市場調査では全面タッチパネルの携帯は嫌だ、という反応が大半でした。ところが、市場に出て、実際に製品を見て触れて初めて、「いいな」となるんです。iモードもまったく同じでした。だから、いい意味で確信犯的に何でもトライしてもらいたいですよね。そして、日本は本当に食が豊かです。これは大きな資源です。美味しい店がこんなに密集している都市は東京くらいですよ。日本人は舌が肥えているから、オーディエンスのレベルが高い。そのレベルの中でレストランが切磋琢磨しています。僕は美味しいお店は全部行ってやろうと思っているんですが、一生かけても無理だろうな、と。

金丸 ちょっと歩いたら、すぐにいい店にあたりますからね。

夏野 新規開拓もしたいし、馴染みの店で旬のものも食べたいし、毎日どの店に行こうか本当に迷っています。娘がいるんですが、彼女たちにも美味しいお店に連れていってくれる男性と付き合いなさい、と徹底教育をしています（笑）。

金丸 東京カレンダー的なまとめをありがとうございます（笑）。本日はありがとうございました。

SPECIAL TALK

11

株式会社ユーグレナ
代表取締役社長

出雲 充氏

PROFILE

東京大学農学部卒。2005年8月株式会社ユーグレナを創業、同社代表取締役社長。微細藻類ユーグレナ（和名：ミドリムシ）の食用屋外大量培養に世界で初めて成功し、事業化へ結びつけた。2012年に東証マザーズに上場、2014年には東京大学発ベンチャー企業として初めて東証一部に上場。

Special Talk 11

株式会社ユーグレナ
代表取締役社長

出雲 充氏

人との出会いや、出来事との巡り合わせにすぐさま反応すること

2100年には地球上の人口は、100億人を超えると言われる。そこで直面する「食料問題」「エネルギー問題」に一石を投じる存在として期待されるのが、体長わずか約0・05㎜の藻類の「ミドリムシ」だ。その可能性を信じ、大量培養にチャレンジし続け、遂に事業化を成功させたのが、株式会社ユーグレナの出雲充氏である。

理系のベンチャー社長が少ない日本で、出雲氏は異彩を放つ存在だ。研究者として実直に実験を重ねつつ、一方の頭ではビジネスアイデアを模索する。そんなハイブリッドな頭脳を持つ出雲氏は、人との出会いや出来事との巡り合わせに、すぐさま反応し、真摯に対応することで道を切り拓いてきたという。出雲氏のユニークすぎる半生を紐解くと、未知の世界へ挑戦し続ける人の特長が明らかになった。

金丸 今日は、出雲社長の半生や仕事観をお聞きしたいと思っています。出雲社長は世界で初めてミドリムシの屋外での大量培養を成功させた、世界が注目する起業家です。そして、とてもユニークな経歴をお持ちでいらっしゃいます。大きな可能性を秘めた御社の事業や出雲社長のビジョンは、読者にとって非常に興味深いと思います。はじめに幼少期のお話をお聞かせいただきたいのですが、子どもの頃はどんなお子さんだったんですか？

出雲 すっごくいい子でした（笑）。

金丸 先生の言うことをしっかりと聞くような？

出雲 むしろ、先生を助けていましたね。

金丸 ええっ、どういうことですか？

出雲 テストの採点を手伝ったり、成績の悪い子に勉強を教えたりしていたんです。いい子でしょ。

金丸 すごいですね。私と真逆です。

出雲 金丸会長は、ガキ大将タイプですか？

金丸 自分で言うのもなんですが、正義感と使命感がすごく強くて、クラスでイジメなんて起きたら介入して、解決していましたね。暴力好きの正義感というか。

出雲 まさに私とは真逆です（笑）。

■生物に没頭した少年時代

金丸 部活は何をされていたんですか？

出雲 中学高校はずっとテニスをやっていました。でも、何より漫画を読むのが大好きで。

金丸 意外ですね。科学や実験が好きだったのかと思っていました。

出雲 生物は好きでしたよ。そのきっかけも実は漫画です。『こちら葛飾区亀有公園前派出所』（集英社）を愛読していたんですが、その85巻に、ザリガニの話があるんです。主人公の両さんがザリガニを養殖し、レストランに売り込んで一儲けしようという内容なんですが、「こんなお金の生み出し方があるのか！」と感動しました。すぐさま、弟と一緒に近所の池にザリガニを獲りに行って、自分も一攫千金を目論みました。

金丸 私も子どもの頃はよくザリガニ釣りをしていました。カエルをエサに。でもお金に換えようと思ったことはなかったな（笑）。

出雲 漫画ではスルメをエサにしていたので真似してみたんですが、これが1匹も釣れなくて。それでいろいろ試してチーズを入れてみたら、信じられないくらいガシャガシャーッと集まってきたんです。それはなぜかというと、チーズのタンパク質は低分子なので、す

大学生の出雲氏。バングラデシュの子どもたちと一緒に

ぐに遊離するんですね。すると、水中に溶け出したアミノ酸にザリガニが反応し、「エサが来た!」とわかるんです。

金丸 さすがは生物好きです。それで、一儲けはできたんですか?

出雲 それが養殖は難しかったですね。ザリガニは冬眠するし、2匹いたのが1匹になったりすることもあります。というのも、いつの間にか溶けていなくなってしまうんですよ。あとでわかったのですが、あんなに硬い甲羅が酵素と反応して溶けてしまうんです。硬い甲羅を溶かしてしまう酵素ってすごいなあ、と感心しました。

金丸 それで、ザリガニから酵素に興味を持つようになったと?

出雲 そうです。高校生のときに。

金丸 ミドリムシへの第一歩ですね。

■バングラデシュで効率的な栄養摂取について考える

金丸 高校卒業後は東京大学に進学されます。当時は国連に興味があったそうですが、きっかけは何だったんですか？

出雲 きっかけは、正直に申し上げますと、これも漫画なんです。当時大人気だった『機動戦士ガンダム』が大好きで……。

金丸 意外なお答えですね。どのように国連につながるのでしょう（笑）。

出雲 ガンダムの中に〝地球連邦軍〟というのが出てくるんですが、その音の響きが非常にカッコいいなと思いまして、語感が似ている国連に興味を持ち始めました。

金丸 確かに似ていますが（笑）。ザリガニにしても国連にしても、出雲社長は漫画やアニメからインスピレーションを受けて、すぐ行動に移されていますね。大学1年生の夏休みには、バングラデシュに行かれたそうですが、なぜバングラデシュだったんですか？

出雲 私にとって初めての海外旅行だったんですが、せっかくなら人が行かないところに行こうと思ったんです。それに途上国であれば国連への信頼が厚く、尊敬されているはずだと。

金丸　実際に行ってみて、どうでしたか？

出雲　衝撃を受けました。当時バングラデシュは世界最貧国のひとつで、国民ひとり当たりの所得が一日1ドル以下。お腹を空かせた子どもたちがいっぱいいるだろうと思っていたんですが、実際は飢えている子どもはひとりもいなくて、日本人以上にお米を食べていました。バングラデシュはお米が豊富で、消費量は日本人のおよそ3倍と言われているんですよ。なので、飢え死にはしないんですが、逆にお米しかない。肉も魚もにんじんも玉ねぎもまったく手に入らない。具のないカレーを毎日少しずつご飯にかけて食べていました。

金丸　戦後の日本のようですね。

出雲　だから、お腹はいっぱいでも栄養失調の人が大勢いて、1000人中250人の子どもが栄養失調だと聞きました。それで「この子たちの役に立ちたい、喜んでもらいたい」と思い、栄養を効率的に摂取する方法を考えるようになりました。

金丸　そこからミドリムシに辿り着くわけですね。

出雲　栄養失調というのは、ビタミンや不飽和脂肪酸、ミネラルなどが不足して起こります。これらを補うのは野菜や果物や魚なんですが、現地で調達するのは非常に難しいので、手軽に栄養素を取れるものはないかなと考えていました。

金丸　サプリメントではダメなんですか？

出雲　もちろんサプリメントでも補えますが、必要な栄養素を満たそうと思うと、かなりの数が必要になります。それに合成品にはやはり限界があって、自然の食べ物で補うことが理想なんです。そうやって探していくうちに出合ったのが、ミドリムシでした。ミドリムシは「植物であり動物でもある」という唯一の生き物で、両方の栄養素を持ち合わせています。そして食料にもなれば燃料にもなり、地球温暖化を防ぐ役割を担うこともできる。こう書かれた論文を見つけたとき、「これだ！」と確信しました。

金丸　それで帰国後、文科三類から農学部に転部されたんですね。

出雲　農学部でミドリムシの研究が行われていたので、すぐに転部しました。就職先もミドリムシ関連の会社を考えていたんですが、いざ就職活動をしてみると、どの企業もミドリムシの事業はやっていなくて。当時はまだミドリムシを大量に培養する技術がなかったため事業化が難しく、中には「ミドリムシよりも乳酸菌やアミノ酸の研究をしたほうが、世の中の役に立つんじゃないの？」という企業もありました。そこで「難しくて誰もやらないなら、自分がミドリムシをやろう」って決意したんです。

金丸　出雲社長の気持ちが起業に向いていった背景には、大企業がどこもミドリムシに手をつけていなかったということが大きいんですね。出雲社長は大学在学中にスタンフォード大学に短期留学されていますが、これも起業に影響しているのでしょうか？

出雲 そうですね。辛くても辞めなかったのは、スタンフォード大学の経験があったからと言えます。日本では優秀な人が起業するイメージが強いですが、留学中、こう言っては失礼ですけど、周りにいたそれほど優秀ではないメンバーがどんどん起業していきました。中でも親友のふたりがベンチャーを立ち上げ、見事にイグジットさせたことは大きかったですね。いまは自分たちが本当にやりたかったチョコレートの店を経営していて、雑誌の『フォーブス』に掲載されるまでになっています。学生の頃、その親友たちは、ふたりとも起業の〝き〟の字も知りませんでした。それで、「あのふたりができるんなら、僕だってできるでしょ」という思いがずっとあって。心が折れずに突き進むことができました。

金丸 周りに実際に起業した人がいると、イメージが湧きやすいですよね。私も海外の知人でクラブ活動のように簡単に起業し、すぐに辞めて、という人が大勢います。そういった環境が周りにあるかどうかは、本人の起業へのハードルを押し下げるという意味で、非常に重要です。

■仕事の後、ミドリムシの研究に明け暮れた銀行員時代

金丸 ここまで起業を決意していたにもかかわらず、なぜ東京三菱銀行（現・三菱東京ＵＦＪ銀行）に就職したんですか？

出雲 端的に言えば、ミドリムシを培養する技術がなかったからです。在学中から一緒にミドリムシの研究をしている仲間に、鈴木健吾（現・ユーグレナ取締役）という者がおり、技術の責任者なんですが、その彼から「ミドリムシをうまく培養できるまで、どれだけの時間とお金がかかるかわからない」と言われました。私自身もすぐ起業できるようなお金はありませんでしたし、大学４年生のときなんて、どうすれば文科省から研究費を引っ張り出せるかを考えていたぐらいですから。なので、投資してくれる人を探すために銀行に入りました。お金持ちと出会えるだろうと期待して（笑）。

金丸 すごい志望動機ですね（笑）。実際に入ってみて、いかがでしたか？

出雲 想定とまったく違う部署に配属されてしまって……。住宅ローンを担当することになり、望んでいた超富裕層の方との出会いはありませんでした。

金丸 １年後には退職されますが、その頃にはミドリムシの培養問題もクリアしていたんですか？

対談の舞台『六本木 鯛良』

出雲 いえいえ、まったくです。社会人になっても私の研究熱は高まるばかりで、仕事の後や週末は鈴木と一緒に、ミドリムシ研究に没頭していました。でも、なかなかいいアイデアを思いつかず、行き詰まってしまい、思い切って会社を辞めることにしたんです。よく人生において〝神様が見ていてくれる〟という言葉があるじゃないですか。当時の私はまさに「会社を辞めれば、ミドリムシの神様がきっとアイデアを授けてくれる」と思っていました。

金丸 都合のいい考え方ですね（笑）。

出雲 そうですね。だから、辞めたのにアイデアを思いつかなくて、驚きました。その頃は、ひたすらミドリムシを研究している各地の大学教授を訪ね回り、実験を繰り返していました。移動は夜行バスなんですが、結構朝早く現地に着いてしまうので、24時間やっている銭湯で時間をつぶしていましたね。でもそのときに、アイデアがひらめいたんです。

金丸 どんなアイデアが？

出雲 それだけは秘密です（笑）。でもどんなに疲れていても、銭湯に入れば生き返ることができました。

金丸 我々も同じですよ。起業したばかりの頃は徹夜で仕事して、銭湯が開く時間になると行って。そこで蘇って、また仕事に出かけるという毎日でした。

可能性を理解してくれた、堀江貴文という存在

金丸 そんな中、出雲社長は元・ライブドアの堀江貴文さんに出会うわけですね。

出雲 大学の先輩ということで、ライブドアの新年会にお邪魔したのがきっかけです。堀江さんと直接お話しする機会があり、ミドリムシについて説明したところ、非常に興味を持ってくれました。当時堀江さんは宇宙事業に情熱をかけていらして、「ミドリムシを宇宙食に活用できたらいいよね」という話になり、「もっと詳しく聞きたいから、今度説明に来てよ」って言われました。そして次の日、堀江さんから電話があり、「いつ説明に来るの？

遅いよ！」と催促されて慌てて出かけましたね。社交辞令とは思っていませんでしたが、まさか翌日に電話をいただけるなんて、本当にスピード感のある方だと思いました。

金丸 彼らしいエピソードですね。

出雲 オフィスを訪ねると、堀江さんはミドリムシについて猛烈に勉強されていて、とにかく大量培養ができれば、様々な可能性が広がると。そして「今日からうちのオフィスを自由に使っていい。研究費も出すから」と言ってくれました。それから半年後の２００５年８月には会社を設立し、その年の12月に、ようやくミドリムシの屋外大量培養に成功しました。

金丸 成功のポイントは、どこにあったんですか？

出雲 培養液です。ミドリムシは「美味しすぎる」微生物なので、培養の際に他の微生物が入ってくると、すぐに食い尽くされてしまいます。そこで、ミドリムシ以外の生物は侵入できない培養液を作り出すことに成功したのが、突破口になりました。

金丸 長年研究されていますし、喜びもひとしおだったでしょう。そして、その直後に「ライブドア事件」が起きたんですね。

出雲 そうです。その後、堀江さんとは離れることになりますが、逮捕される直前、渦中の堀江さんに会うことができ、新たな出資者として成毛眞さん（元・日本マイクロソフト社長）

をご紹介いただきました。

金丸　成毛さんですか？　やはり投資の意思決定ができる人は、少ししかいませんからね。大勢の人に会うより、意思決定ができる人を見極め、注力することが大切です。

出雲　本当にそう思います。以前にＪＸ日鉱日石エネルギー（現・ＪＸＴＧエネルギー）さんと共同でミドリムシを使ったバイオ燃料の研究開発をしていましたが、最初伺ったときは、あまり乗り気ではなかったんですね。しかし、名誉顧問の渡文明さんと相談役の西尾進路さんが「面白そうじゃないか！」とおっしゃってくれて、トントン拍子で話が進みました。

金丸　成毛さん、渡さん、西尾さんと私の非常に親しい人たちが登場しているのには驚きました。

■2020年までに、バイオ燃料事業を実現させる

金丸　創業から10年が経ちますが、以前よりもミドリムシやユーグレナという名前を目にする機会が多くなったと感じています。いま事業としては、どのようなことをされているんですか？

出雲　ヘルスケア領域をはじめ、エネルギーや環境問題など幅広い事業を展開しています。

金丸 私も健康には気をつけているので、栄養素としてのミドリムシに非常に興味があります。

出雲 ミドリムシには59種類の栄養素が入っています。野菜に含まれるビタミンやミネラル、魚に含まれるDHAやEPAといった不飽和脂肪酸なども入っているので、不足しがちな栄養を一気に補うことができます。まさに未来の食材なんです。

金丸 そんなに栄養があるとはすごいですね。エネルギー領域では、どのようなことをお考えですか？

出雲 ジェット機を飛ばそうと計画しています。

金丸 ミドリムシから油もとれるんですか？　しかもジェット機向けの？

出雲 そうなんですよ。ミドリムシに超音波を当てると、破れて油が出てきます。ミドリムシの油は非常に軽質なので、サトウキビやトウモロコシなどの作物やほかの微細藻類よりも、ジェット機の燃料に向いているんです。

金丸 近い将来、ミドリムシで空を飛ぶ日が来るんですね。

出雲 一日も早く実現させたいですね。実現したらぜひ乗ってください。ミドリムシフライト！

金丸 下から見てます。

出雲 いやいや、大丈夫です。私も一緒に乗りますから（笑）。もうひとつ力を入れているのは、エビの養殖です。食料自給率が低い国の課題のひとつは、家畜や養魚のエサとなる「飼料」

の確保なんですよ。中でも一番困っているのが魚。魚は地上で育つ大豆のカスをあげても見向きもしません。彼らは案外グルメなんですね。そこで注目されているのが、ミドリムシ。魚の食いつきがよく栄養価も抜群なので、ミドリムシをエサにして育ったエビは元気になると予想しています。実は先般、エビの養殖販売会社をグループ化したのですが、今後はミドリムシからバイオ燃料を取り出し、残った部分を飼料などとして活用していきたいと考えています。２０２０年までには、このバイオ燃料を成功させたいですね。

金丸　出雲社長を見ていると、いよいよ日本にも理系出身の社長によるベンチャーの時代が来たな、と思います。アメリカだとベンチャー企業の大半が理系出身者ですが、日本は文系のビジネスモデル型のベンチャーがまだまだ多い。でも理系出身者であれば、自分でビジネスモデルを作り、自分でプログラムも書くことができます。日本は農業やバイオの分野に発展の余地が大いにあると感じていますし、世界はどの分野でも日本のクオリティを求めています。ぜひ出雲社長に、その先陣を切っていただきたいですね。

出雲　光栄なお言葉、ありがとうございます。

金丸　こちらこそありがとうございました。

東京大学大学院工学系研究科
特任准教授

松尾 豊氏

PROFILE

東京大学工学部電子情報工学科卒業後、同大学院博士課程修了。2002年より産業技術総合研究所研究員を務め、2005年10月よりスタンフォード大学客員研究員。2014年4月より東京大学大学院工学系研究科 技術経営戦略学専攻 特任准教授を務める。専門は、人工知能、WEBマイニング、ビッグデータ分析、ディープラーニング。

Special Talk 12

東京大学大学院工学系研究科
特任准教授

松尾 豊氏

20歳代で年俸1億円も現実のものに。これからの日本は、もっと若者にチャンスを与えるべき

最近話題の「人工知能（AI）」。中でも、いま最も注目を浴びているのが、ディープラーニングと言われる新技術だ。松尾豊氏は、そのディープラーニングの第一人者であり、ビジネス感度の高い学者でもある。

学者として最先端研究を進めつつ、教員としては世界を舞台に活躍できるよう学生を指導している松尾氏。その一方で、日本の産業競争力強化のため、企業との共同研究やベンチャー支援を精力的にこなしている。

未知の世界に対する飽くなき探求心や、既成概念を打ち破ろうとする強い使命感はどのように形成されたのか？　松尾氏の半生から、次代を生き抜くヒントを探っていただきたい。

金丸 松尾先生のご専門は、人工知能（Artificial Intelligence、以下ＡＩ）ですが、ここ最近、ＡＩのニュースを聞かない日はありませんね。先生とは経済産業省のプロジェクトでご一緒していますが、メディアでもよく拝見しています。

松尾 ありがとうございます。

金丸 いま、ＡＩの中でも、ディープラーニングという新しい技術が注目されていますが、どういうものなのか簡単に教えていただけますか？

松尾 ディープラーニングとは、人間の脳の神経回路を真似た「ニューラルネットワーク」を使って、人間の脳と同じような情報処理を行う技術です。これまでコンピュータに画像を認識させるには、たとえばネコなら「目が丸い」「耳がとがっている」というようなネコの特徴を人間が入力しなければなりませんでした。それがディープラーニングの技術により、コンピュータに大量の画像データを読み込ませることで、コンピュータ自らが学習し、その特徴を見出せるようになりました。

金丸 画期的な技術ですね。

松尾 そうですね。画像認識の精度は、すでに人間の能力を超えています。ＡＩの研究って、実は１９５０代に始まったんですが、これまでの60年以上の研究の歴史の中で、現在は大きなブレークスルーを期待できる状況で、ビジネスや社会の在り方が大きく変わるだろうと言われています。

金丸 いまやどの企業もＡＩをビジネスに活用して、イノベーションを起こそうと模索しています。今日はそのあたりを含めて、伺っていきたいと思います。

■ポケコンに出合い、パソコンの世界にのめり込んだ小学校時代

金丸 お生まれはどちらですか？

松尾 香川県の坂出市という瀬戸内海に面した町です。

金丸 子どもの頃から、やはり理系的なものに興味があったんですか？

松尾 そうですね。小さい頃は、よくレゴブロックで遊んだり、絵を描いたりしていました。3人きょうだいの真ん中で、上は兄、下は妹だったので、いい感じにほっとかれまして。

金丸 真ん中だと大概そうですよね。とくに下が女の子だと（笑）。

松尾 ですよね。でもそれでよかったです。勝手に遊んでましたから（笑）。あと小学生のときは理科や科学が得意で、電気系の回路に興味がありました。

金丸 ご両親は何をされていたんですか？

松尾 父は産婦人科の開業医です。母は専業主婦ですが、もともとは高校の物理の教師をしてい

小学１年生当時の松尾氏。ご自宅の庭にて撮影されたのもの

ました。

金丸 やはり理系一家なんですね。そうすると、コンピュータとの出合いも早かったんじゃないですか？

松尾 小学校5年生のときに、両親から「ポケコン」っていう携帯用の小型コンピュータをプレゼントしてもらいました。

金丸 ポケット・コンピュータ、略してポケコン。懐かしいですね。当時は工業高校の教材としてよく使われていました。

松尾 本に書いてある通りにプログラムを書くと、その通りに動くのが面白くて、どんどんハマっていきました。お小遣いでパソコン専門誌を買ってきて、例題を解いては投稿していましたよ。

金丸 投稿もしていたんですか？

松尾　はい。いまでも覚えている例題があって、「試験の科目ごとに平均点が違う場合の補正プログラムを作れ」というものなんですけど、まだ小5で関数を知らないから、唯一知っている正比例と反比例を使ったらできるんじゃないかと思って、反比例をベースに補正する曲線を作るプログラムを書いて送ったんです。そしたら佳作に選ばれて、雑誌に名前が載りました。すごくうれしかったですね。

■自分という主体が消えることへの恐怖。哲学書を読み漁った高校時代

金丸　中学時代はどんな少年だったのでしょうか？

松尾　そうですね、部活は野球をしていました。

金丸　意外ですね。

松尾　草野球をしていたので、その流れで。でも筋力がないんで「2番セカンド、送りバント」みたいな感じでした。あと中学生の頃は、「死ぬのが怖い」ってめっちゃ思っていました(笑)。

金丸　えっ？　それはお父さん、お母さんが先に死んじゃうのが怖いとか？

松尾　いや、そうじゃなくて、こうやって考えている〝自分という主体〟がなくなることが怖

かったんです。だって自分が死んだら、いま考えていることもすべてなくなるわけでしょ。そう思うと、いま自分が世界を認識していること、こんなふうに考えていること自体が、奇跡的なんじゃないかと思って。

金丸 思考のプロセスとかロジックが、いまとあんまり変わらないですね（笑）。

松尾 言われてみれば、この頃から基本的に変わっていないかもしれません（笑）。「死」については、高校生のときもずーっと考えていて、ルートヴィヒ・ウィトゲンシュタインとかいろんな哲学書を読み漁っていました。「自分って何なんだろう」と常に自問自答して……。

金丸 それで答えは出たんですか？

松尾 いや、ますます意味がわからなくなったんですよ。でも結局、人間が考えたり認識できたりするのは、生きているからこそであって、それを追究し続けても限界があるということに気づいたんです。だからコンピュータというものに、すごく魅力を感じましたね。コンピュータは「認識」するという行為を科学的に追究できる分野で、無限の可能性を秘めているなって。それで、この道に進もうと決めました。

金丸 このときの葛藤が、いまにつながっているんですね。

■データ分析に傾倒し、ゲームで成功体験を得る

金丸　高校の頃は、やはり勉強一筋だったんですか?

松尾　いやいや。県立丸亀高校という進学校に進んだんですけど、授業はあんまり聞いてなかったです。人の話を聞くのがすっごく苦手で、授業が始まるといつの間にか空想にふけってしまって、はっと気づいてはまた違うことを考え始める、ということの繰り返しでした。

金丸　先生の話を聞かないっていうのは、私と一緒です(笑)。

松尾　勉強よりも、当時はゲームにのめり込んでました。X68000っていうパソコンの『大戦略』という戦争のシミュレーションゲームなんですけど。

金丸　知ってますよ。当時、このゲームにハマった人がたくさんいましたから。

松尾　私も友達に誘われて、1日1ターンでフロッピーをやり取りしてゲームをやってたんですが、向こうはやり尽くしてるから、とにかくうまくて。どうやっても歯が立たない。負け続けるのが悔しくて、どうすれば勝てるかなあといつも考えていました。それで多少はプログラムをいじれたので、ファイルをのぞいてみたら、なんとなく攻撃力とか守備力とか兵器のパラメータらしきものを見つけて。で、いろいろ観察しているうちに「自分の攻撃力」×「相手の守備力」で何機倒せるか決まっていることがわかったんです。

そこからは「攻撃力÷守備力＝戦闘力」というオリジナルのパラメータを作って、さらに「戦闘力÷値段＝お買い得度」というパラメータを作って、どの兵器が最もコスパがいいかを調べました。すると、一番安い戦車が一番お買い得だとわかりました。たった100円の。

金丸 完全にアナリストですね（笑）。

松尾 で、100円の戦車を量産しまくって戦ったら、圧勝しちゃって。友達はすごく悔しがってましたね。

金丸 「100円の戦車に負けるなんてー」って（笑）。

松尾 そう(笑)。『大戦略』って、お金が貯まってくると高い兵器を買いたくなるんですよ。だから、みんな高い戦車を買うんだけど、実はそれはダメで。一番安い戦車を大量に揃えることが、勝利への近道だったんです。

金丸 データ分析によって、その解を導き出したわけですね。

松尾 このときに思い込みじゃなく、データをしっかり分析することの大切さを知りました。これが私の原体験になっているのかもしれません。

■数々の企業プロジェクトをこなす東大でも異質の研究室

金丸 高校卒業後は、東京大学工学部電子情報工学科に進学されています。

松尾 コンピュータはまだまだ未開拓の領域がたくさんあって、大きな可能性を感じていたので迷わず選びました。この分野で勝負しようと。

金丸 じゃあ、初めから研究者になろうと決めていたんですね。

松尾 そうですね。父からも「お前は研究者向きの性格だな」と言われていましたし、わりと早いうちからそのイメージはありました。

金丸 世間ではAIは社会をどう変えるのか、AIは人間の敵か味方かという議論が多いように思いますが、松尾先生はどのようにお考えですか？

松尾 私はそういう議論よりも、AIを使ってお金を稼いでいきましょう、と言いたいです。

金丸 先生のそういうところが、普通の大学教授と違うところですよね。

松尾 大学の研究というのは、社会に役立ってこそだと思うんです。私は大学院を修了後、産業技術総合研究所に就職しました。AIで非常に著名な研究者がいらしたので、その方のもとで3年半過ごした後、海外特別研究員という制度を使ってアメリカのスタンフォード大学に2年間留学しました。そこで痛感したのが、大学での研究や技術をベースに事業を起こしていかなければ、いくら研究をしても意味がないということ。とりわけ情報の分野は、その考えが強いと感じました。

金丸 グーグルがいい例だと思います。研究とビジネスとが直結している。

松尾 だから日本に戻ってきてすぐ、ベンチャー企業を立ち上げたんです。外国投資信託のヘッジファンドとかクラウドファンディングサービスなどです。

金丸 有言実行ですね。

松尾 でも会社を作って思い知りました。私のような研究者というのは、モチベーションを自分で作り出す生き物なので、人を元気づけるとか励ますとかしないんです。だから部下が何か失敗したときに「できないのは、お前が悪い」って平気で言っちゃう。そんな調子だと、いくら頑張っても会社経営がうまくいくわけがなく……。自分の限界を痛感しました。

金丸 研究者と経営者とでは、必要な資質が異なりますからね。

松尾 なので、私は企業を一から大きくした人は、本当にすごいなと思います。心から尊敬します。起業家の方たちのおかげで社会が成り立っているわけだし、研究者も生かされている。だからこそ、ビジネスに役立つ研究をしようと強く思うようになりました。それで2011年ぐらいから、国から研究費をもらうことをやめたんです。企業が出資してくれるお金で研究を続けていこうと。

金丸　すごい覚悟ですよね。でも大変だったでしょう。企業はどうしても投資対効果を求めます。

松尾　最初は本当に大変でした。出資してもらっている以上、企業の様々な要望に応えなければならないので。でも学びが多かったです。大学の研究室というのは、自分が解きたい問題を解いたら満足しがちなんですけど、企業だとそうはいかない。顧客が解決したい問題は何か、社会が抱えている課題は何かを見定めて、それに対してちゃんとソリューションを提供することが求められます。そういうことを意識し始めてから、出資額が次第に増えていきました。いまでは、コンサルティングファーム出身のスタッフもいるんですよ。

金丸　もはや研究室じゃなくて企業ですね。でも研究室という位置づけだと、スタッフは学生なんですか？

松尾　基本的には学生です。人手が足りないので、研究室以外からも学生をリクルートしています。学生はジュニア、シニア、マネージャーという3つの階級に分かれていて、フルタイムで働くと、年収800万円ぐらい稼げます。

金丸　えっ！　そんな研究室、聞いたことないですよ。

松尾　ここまでビジネスライクな研究室は、ほかにないですから（笑）。ディープラーニングというのはいまホットな分野なので、企業側もできる限り投資したいんだと思います。

年後、10年後には事業の柱となっている可能性があるので。

■理系ベンチャーが育たない日本の土壌

金丸 シリコンバレーをはじめ、世界では理系出身者が活躍し、ビジネス界をリードしています。しかし日本は世界に比べて、理系があまり目立たない。自分たちの価値を見出していないという気もします。

松尾 本当にそうですよ。だから、私は研究室に入ってくる学生の一人ひとりに、会社を作らせようかと思っているんです。30社ぐらい作れば、日本も結構変わるんじゃないかと思って。

金丸 いいですね、どんどんやってください。香港では両親が子どもに会社をプレゼントしますから。「お前は今日から社長だから、何やるかは自分で決めろ！」って。

松尾 それは、いいですね。

金丸 日本も大学の理系学部が、意識を変えなくてはいけません。理系学部の就職先って、設計などに配属されるのはほんの一握りで、大部分は生産管理部門に配属されます。イノベーションを起こせるはずの人材が、その才能を発揮できる場を与えられないまま、管理職についてマイホームを建てて、でもそこそこの生活を送れるもんだから満足してしまっている。

松尾　小さくまとまっちゃってる感じですよね。高度経済成長期にはそのやり方が合っていたのかもしれませんが、いまはもうそういう時代じゃない。戦う相手は世界です。正直なところ、日本は将棋でいう〝投了〟寸前だと思っています。

金丸　そこまで言い切りますか（笑）。でも日本企業の競争力が低下しているのは事実です。世界の企業の時価総額ランキングを見ると、２００６年のトップ10は、ＧＥやＢＰといった製造業や石油メジャーが占め、日本からは唯一トヨタが食い込んでいました。しかし、２０１７年（2月発表）はトップ10のすべてをアメリカ企業が独占し、アップル、グーグル、マイクロソフト、アマゾン、フェイスブックといったＩＴ企業の台頭が目立ちます。

松尾　この10年で勢力図ががらりと変わり、日本はアメリカに大きく差をつけられました。だから、ディープラーニングという新しい技術が出てきたいまこそ、日本企業が再び競争力を取り戻すチャンスなんです。

金丸　松尾先生は、日本の企業は今後、世界でどのように戦っていくべきだとお考えですか？

松尾　日本が世界で存在感を示すには、３つの道があると思います。ひとつは、ディープラーニングで世界と戦う道です。日本の強みであるもの作りとＡＩは非常に相性がよくて、ディープラーニングをロボットに組み込んでいけば、これまで人間が目で見て判断しな

対談の舞台『ビフテキのカワムラ 六本木店』

ければならなかった作業を、すべて自動化できるようになります。

金丸 具体的にはどういう分野なのですか?

松尾 農業や建設業、外食産業といった分野ですね。たとえばトマトを収穫するという作業は、トマトが熟しているかどうかを判断し、トマトの位置や形を確認して傷つけないようにもぎ取らなければいけません。人間には簡単でも、これまでの画一的な作業しかできないロボットには無理でした。それがディープラーニングを活用すれば、ロボットでも一つひとつのトマトに合わせた対応ができます。トマトは世界中で栽培されているので、大きな市場が見込めるのです。

金丸 なるほど。

松尾 ふたつ目は、翻訳です。自動翻訳の精度が上がって言葉の壁がなくなった瞬間、日本は変わります。

金丸　それはどういうことなのでしょう?

松尾　英語圏の情報が日本語と同じように入ってくるようになれば、世界中の人とのコミュニケーションが一気に増えますよね。そうやって世界の現状を知れば、いままで日本では当たり前だと考えていたことが、世界では当たり前でないことに気づいていくはず。そうしたズレを軌道修正しながら、世界の時流に乗っていくという道です。最後は、日本という国を飛び出して、世界を活躍の場として生き延びるという道。日本人は順応性も適応力も高いので、世界中のどこでも生きていけるのではないでしょうか。

金丸　私も日本人はもっと海外に出ていくべきだと思っています。とくに若い人たちには失敗を恐れず、リスクを取って海外で勝負してほしいですね。

■日本は年功序列の社会をやめなければ世界で戦えるようにならない

金丸　これほどAIやディープラーニングへの関心が高まると、学びたいという学生も増えているんじゃないですか?

松尾　実際、増えていますよ。だからこそ、一日も早く若者が活躍できる社会にしたいと思っています。最近の若者は元気がないとか、少子化が問題だとか言われてますけど、年収と婚姻率の相関を見ると、年収が高くなれば明らかに子どもの数は増えるんです。単純に給料を上げればいいだけの話なのに、日本の社会は年功序列が染みついているから、そうしようとはしない。お金も役割も与えない状況で、若者が成長するわけがありません。そして若者が成長しなければ、日本という国自体の成長も望めません。いまの若者は明らかに上の世代に搾取されているんです。冗談じゃなく、クーデターを起こしてもいいくらいですよ。

金丸　若者に活躍の場を与えるべき、というのは同感です。とくにＩＴの分野は、テクノロジーの進化のスピードが速いので、過去の実績や経験なんて関係ない。若さは大きな武器なんです。「これがしたい」という強い意志と「面白そう」という好奇心と、どんな困難もやり抜く粘り強さがあれば、道は必ず拓けます。いつの世も時代を創ってきたのは、若者ですからね。

松尾　現にシリコンバレーでは、完全に20代の経営者が主導権を握っています。たとえばSnapchat 創業者のエヴァン・スピーゲルは26歳だし、マーク・ザッカーバーグは19歳でFacebook を創業しました。イノベーションを起こしてきたのは若者なんだから、チャンスを与えてほしい。最も頭の回転が速くて、最もパワフルな20歳代にプロジェクトをどんどん任せて、経済的にも潤ってほしいです。ＡＩの世界なら、スキルさえあれば20歳代で年俸1億円だって夢じゃないと思いますよ。

金丸　そうですよ。スポーツの世界では、世界と戦って結果を残している錦織圭選手も羽生結弦選手もゆとり世代です。仕事には、経験の蓄積が活きる世界と瞬発力が活きる世界があります。仕事の領域ごとにピークの年齢というものがあって、当然キャリアの上り坂の人と、下り坂の人とではやるべきことが違います。年功序列という日本的な考え方から脱却して、年齢に関係なく、それぞれの能力に見合う対価がもらえる社会にしないといけません。

松尾　そういう意味で、日本って付加価値から逆算するプレーヤーが少なすぎると思います。みんなコスト積み上げ型の考え方をするから、非常にもったいない。私がやりたいのは、本当に優秀な若者にベンチャー企業を作らせること。そして、そのベンチャーを大企業に見合った額で買い取ってもらうこと。人生の先輩方には、頑張っている若者を一歩下がって応援してほしいです。

金丸　日本の未来に対する松尾先生のロジカルな考えと熱い思いが、ビシビシ伝わりました。若い人たちが能力を存分に発揮できる日本へ、ともに変えていきましょう。本日はありがとうございました。

SPECIAL TALK 13

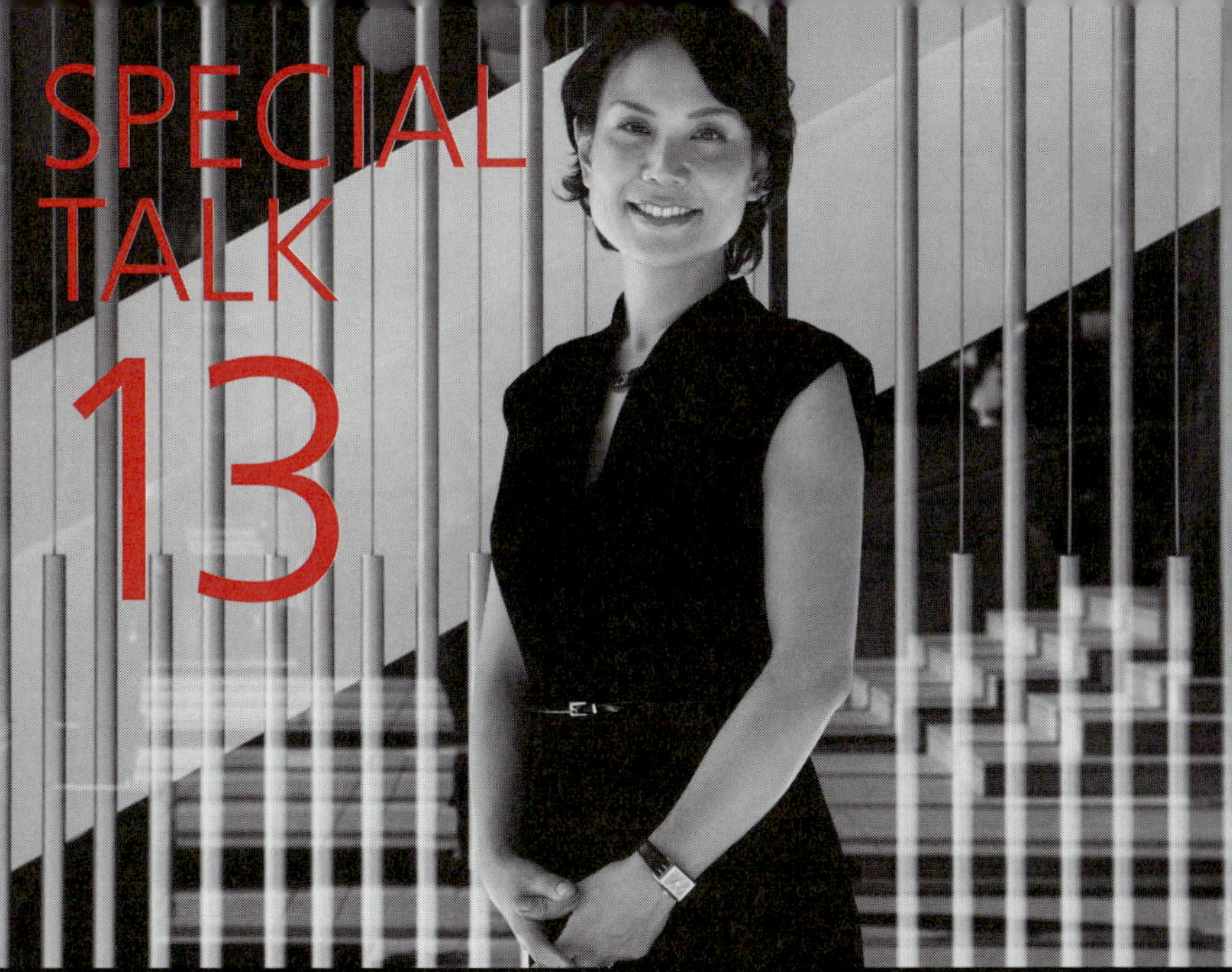

ユナイテッド・ワールド・カレッジISAKジャパン
（旧インターナショナルスクール・オブ・アジア軽井沢）　代表理事

小林 りん氏

PROFILE

1998年東京大学経済学部卒、2005年スタンフォード大教育学部修士課程修了。カナダの全寮制インターナショナルスクールに留学した経験を持つ。その原体験から、大学では開発経済を学び、前職では国連児童基金（UNICEF）のプログラムオフィサーとしてフィリピンに駐在、ストリートチルドレンの非公式教育に携わる。2008年8月に帰国。2014年8月、インターナショナルスクール・オブ・アジア軽井沢を設立し、代表理事に就任。

Special Talk 13

ユナイテッド・ワールド・カレッジISAKジャパン
代表理事

小林りん氏

教育変革こそが、世界と戦えるカギとなる

2014年夏、グローバルに活躍する人材育成を目的とする新設の高等学校が軽井沢に開校した。全寮制で、授業はすべて英語。1学年の生徒数約50〜70名中、日本人は約3割。世界各国から選りすぐりの生徒が集まるその学校の名は、「ユナイテッド・ワールド・カレッジISAKジャパン（以下、UWC ISAKジャパン）」。

同校を立ち上げた小林りん氏は、自由な発想で事業を展開した父と、市長として大改革を断行した戦う母に育てられた。ご両親の公共奉仕の精神溢れる生き様は、現在の小林氏のキャリアに見事に反映されている。

前職では、UNICEFのプログラムオフィサーとして、世界の教育現場に携わってきた小林氏。日本の高等教育が目指すべき未来を、彼女はどのように考えているのか？ 現役大学生や、子育て世代必見の対談である。

金丸 本日はお忙しい中、軽井沢からわざわざお越しいただきまして、ありがとうございます。早速ですが、はじめに小林さんのご両親についてお聞かせいただけますか？

小林 私は東京・多摩市の多摩ニュータウンで生まれ育ちましたが、両親はともに長野の出身です。ふたりとも末っ子で、大学は東京にある中央大学の法学部に進学しました。そして、学生運動の最中にバリケードの裏で恋に落ちたそうです。

金丸 同じ志を持った者同士、惹かれ合う部分があったのでしょうね。しかし、本来のミッションを忘れているような……（笑）。

小林 そうですよね（笑）。大学卒業後、父は三鷹市役所に、母は多摩市役所に入ります。しかし、父はすぐに議会とケンカして公務員を辞めてしまって……。その後、メーカーに転職したそうですが、一念発起して起業し、事業を軌道に乗せます。そして、60歳で初孫ができたのを機に後継の方に会社を譲り、隠遁生活に入りました。3年ほど伸び伸びと生活していましたが、結局「フルタイムパパは面白くない」と言って、63歳でもう一回起業したんですよ。

金丸 実にパワフルなお父様ですね。

小林 父の昔からの口癖は「人生は一度しかないのだから、自由に生きたほうがいい」です。

金丸 素晴らしいポリシーですね！　それでは、お母様はどのような方だったんですか？

小林 母は父とはまったく正反対の性格です。もともと福祉関係の仕事をやりたいという思いがあり、市役所ではソーシャルワーカーをしていました。週末はいつもボランティアに明け暮れていたので、私も小さい頃に旅行やレジャーに行った記憶はあまりありません。週末は点字教室とか車いす体験教室など、母のボランティアに帯同していた思い出ばかりです。

金丸 見事に個性の違うご両親のもとで育ったんですね。

小林 その30年後、何が起こったかというと……、あるきっかけで、母が市長選に出ることになったんです。前市長が急遽辞職し、出直し選挙が行われることになったんですが、その際、市民の方々が実家にウワーッと集まってきて、「ぜひお母さんに出馬してもらいたい」と熱望されたそうです。それで立候補したんですが、結果、6人ぐらい候補者がいた中で、ダントツで票を獲得しました。

金丸 ということは、お母様は多摩市長をされていたんですか?

小林 そうなんです。2期、市長を務めました。当時多摩ニュータウンでは、高齢化が大きな問題になっていました。このままいけば、10年後には絶対に財政破綻してしまうような状況でした。母は市の職員の数十%の人員をリストラしたり、小学校を統廃合したりと、バンバン財政改革を断行しました。

カナダ留学中の小林氏。世界中から集まった友人たちと一緒に

金丸　それは驚きました。小林さんは自由な父親と、戦う母親のもとに生まれ育ったわけですね。おふたりとも、パブリックマインドがおありで、社会に尽くす存在であったということが、実に興味深いです。

〝りん〟に込められた父の思いと世界を意識しだした幼少期

金丸　ところで、ひらがなで「りん」という名前は、非常に珍しいですよね。どのような思いが込められているんでしょうか？

小林　名前は父がつけてくれました。小学1年生のときに「自分の名前の意味を調べよう」という宿題があり、父に聞いたところ、「英語だけじゃなく、中国語、スペイン語など、どんな国でも〝りん〟という名前がある。どんな国でも通じるから、この名前をつけた」と教えてくれました。

金丸 国際的に通用する名前ということですね。40年前にそのようなことを考えていたとは、実に先見性のあるお父様だったのですね。

小林 あえて、ひらがなにしたことにも意味があると教えてくれました。漢字にすると、意味を持ちますよね。たとえば「凛とする」の凛なのか、「倫理観」の倫なのか、と。父からは「音だけを持たせるから、意味は自分で決めなさい。意味合いをつけるのは自分自身だ」と言われました。それを聞いて、「私は国境を越えて好きに生きていいんだ。そう生きるんだ」と感じたのを鮮明に覚えています。

金丸 まさに、いまの小林さんに通じるエピソードですね。

■後の運命を大きく変える先生との出会い

金丸 子ども時代で印象に残っている出来事はありますか?

小林 小学5年生のとき、先生に嫌われたことがあります。授業中は真面目だったんですが、宿題を一切してこなかったんですね。「授業中に本当に真面目に聞いていれば、宿題や復習をしなくてもわかる」と思っていたんです。それで、テストでもよい点数を取っていたものですから、先生に疎まれまして……。「りんさんは他の生徒に対して悪影響を与えている」と呼び出されたこともありました。

金丸 一見、優等生に見えるのに、意外なエピソードですね。

小林 「出る杭は打たれる」ということを強く感じた出来事でした。でも、この一件があったことで、「このまま公立の学校に行ったら、もっと叩かれるのではないか」と、受験を考えるようになりました。ただ、うちは裕福ではなかったので、私立中学校を受けることはできません。それなら、国公立で自分と同じぐらいの学力の人と学びたいと思い、5年生の終わりぐらいから駅前の小さな塾に行き始めました。でも、周りは4年生から通っている子ばかり。「もう中学受験は間に合わないから、頑張って高校受験を目指しましょう」と言われてしまいました。すごく悲しい気持ちになったんですが、そんな中、私に可能性を見出して熱心に指導してくれた先生がいまして、共働きの両親に代わって、受験票を取りに行ってくれたりもしました。アルバイトの学生さんだったんですが、その先生とはいまも親交があり、感謝しています。

金丸 小学校の先生といい、塾の先生といい、先生との出会いが人生に大きな影響を与えているんですね。そして、晴れて東京学芸大学附属高等学校に入学されるわけですね。

小林　私は先生との出会いの運がよくもあり、悪くもあるんです。高校1年生のときは、学年主任の先生のクラスでした。入学してすぐの三者面談で、いきなり「あなたはもっと理系を頑張らないと、東京大学に行くのは難しいですね」と言われました。それで違和感を覚えて、「まだ1年生の段階で大学受験の話をするのは、少し違うのではないですか？」と議論をしてしまったのです。その衝突があって、学校を辞めようと思うようになりました。

金丸　せっかく努力して入学した高校なのに、普通はそうは思いませんよね。やはり、自由に生きろというお父様の教えが生きているからでしょうか。なぜそこまで思うに至ったのでしょうか？

小林　日本では5教科を満遍なくできないと評価されませんよね。それこそ、国公立の大学に入ろうと思ったら必須です。私も東京大学を目指していたので、そのように言われたことは理解できます。しかし、その一方で「どうして悪いほうばかり見て、よいほうを見てくれないのだろう」という気持ちが強くありました。もちろん、理系ができない自分の現実逃避という側面があったのかもしれませんが、英語も国語も社会もほぼ満点。学級委員長もやっていたのに、なぜ開口一番ダメなほうを言われるのだろう、と。そういった葛藤を親に話したところ、「いいところを見てくれる教育というのは、日本の外にあるのかもしれないね」と言ってくれました。そこで、留学という選択肢を考え始めたんです。

金丸 ご両親の助言が実に素晴らしいですね。そんなこと、私には思いもつきません。

■親のありがたみを感じた、挫折だらけの留学体験

金丸 その後、ユナイテッド・ワールド・カレッジ（以下、UWC）のカナダ校に留学されるんですね。なぜ、カナダだったんでしょうか？

小林 高1の終わりの時期だと、公益財団法人AFS日本協会などのメジャーな交換留学はすべて締め切られ、唯一残っていたのが、UWCだったからです。当時、世界に7校あり、2年間全部無償で全寮制。「こんないい話はないんじゃない？」と思って受験したら、奨学金をいただくことができました。

金丸 試験は全部、英語だったんですか？

小林 いいえ、日本語でした。私が受験したときは、10名ぐらいの枠に対して300名の応募がありました。国内で筆記試験を行い、選ばれた生徒に対して全額奨学金を出して派遣するという仕組みです。これが世界中にあって、イタリアでは10名の枠に1000名の応募があるそうです。そんな倍率ですから、すごくマインドや能力の高い人が集まります。

金丸 そこをくぐり抜けて、カナダに行かれたわけですが、向こうではどのような生活を送っていたんですか？

小林 とにかく挫折、挫折……、挫折だらけの日々でした。

金丸 具体的には、やはり言葉の部分ですか？

小林 彼氏ができない、友達ができない、英語がわからない……。もう、すべてでした。

金丸 彼氏がプライオリティで一番上だったとは（笑）。それをどのように克服したんですか？

小林 よく3カ月ぐらいすると耳が慣れてくると言いますよね。私もクリスマス休暇が明けた頃から、少しずつ言葉がわかるようになってきました。それまでは、本当に毎日泣いて暮らしていました。

金丸 ホームシックになって実家に電話することもありましたか？

小林 電話しましたね。

金丸 そのときのお父様とお母様の反応はどうだったんですか？

小林 「そんなにつらかったら帰ってこい」と言ってくれました。そのとき初めて「この人たちって、私の親なんだな」と、すごく感謝したんです。私がどんなに惨めになっても、逆境に立たされていても、どんなにダメな子でも、見捨てないでいてくれる、と。それまで、ひとりで生きてきたような顔をしてきたけど、両親という精神的な礎があったからこそ、自分は好き放題な人生を歩めていたんだと初めて気づきました。16歳のときでした。

金丸 それはいい経験でしたね。

小林 それまでは、本当に親の大切さに気づいていなくて……。この件があって、親にはすごく感謝するようになりました。

金丸 それに、ここで帰るわけにはいかない、と思ったんですね。

小林 はい。「覚悟しよう」と心に決めました。とてもじゃないけれど、帰るなんてかっこ悪くてできませんでした。

■高校2年で訪れたメキシコ。肌身に感じた貧富の差

金丸 それが、国際バカロレアコース（※世界140カ国で実施されている国際的な教育プログラム。国際的に通用する大学受験または入学資格を得られる）だったのですね。

小林 そうです。いまのISAK設立につながる原点は、この時代と言っても過言ではありません。中でも印象的だったのが、高2のときに学校で仲よくなったメキシコ人の友達の家に遊びに行ったことです。訪れてみると、本当に貧困を絵に描いたような状況で……。6畳ぐらいしかない家に、家族全員で住んでいました。洗濯には洗濯石を使っているし、

狭いスペースで雑魚寝しているし、大変なところに来てしまったな、と。彼女にはお兄さんがいて、英語もできて、妹と同じような高い志を持っていたんですが、奨学金がなかったから学校には行けなかったと聞きました。日本では、公立校もたくさんありますし、学校に行けて当たり前。その環境が珍しいものだということを知りました。

金丸　実際に現地に行かれたからこそ、肌身で感じたんですね。

小林　自分がいかに教育環境に恵まれているのかということを、高校2年生で知りました。そのとき、努力や能力によって差がつくのはいいけれど、機会の差によって損をすることはあってはならないと思ったんです。この経験もあって、その後勤めたユニセフでも、貧困層の教育に携わりました。圧倒的多数の貧困層の人たちが教育の機会を手に入れることによって、社会がよくなっていく。そんなお手伝いができたらと思ったんです。しかし、フィリピンに駐在することになって、それは幻想だと思い知らされました。現実には、ものすごい汚職と経済格差があって、いくら国連がサポートしているといっても、きちんとした教育が受けられるのは多くて9000人ほど。その15倍以上の子どもたちが、教育を受けられないわけですから、底辺から何かを変えていこうと思ってもダメだな、と痛感しました。抜本的に仕組みを変えるには、牽引する社会が変わらなければならない。リーダーシップを取る人が変わらなければ、世の中は変わらないと思ったんです。

■学校教育はリトマス試験紙。先生と戦うぐらいの気概が欲しい

金丸 高校卒業後は、東京大学経済学部に入学されますが、当時のお話を伺えば伺うほど、いま携わられていることとつながっているように感じます。

小林 そうですね。それこそ、スティーブ・ジョブズが言っていた「点と点がつながる瞬間がある」ということだと思います。

金丸 つながっていますね。日本の高校での先生との出会いも、結果的にはよかったのではないでしょうか。

小林 おっしゃる通りです。私を嫌った小学校の先生も、開口一番、苦手分野を指摘した高校の先生も、彼らがいなければ、反骨精神が育まれることはありませんでした。だから、いまは恩人だと思うことができます。

金丸 私も高校のときは先生に「金丸はロクな人間にならない」と言われていました。確かにひどい高校生でしたからね（笑）。

小林 トラブルメーカーだったんですか？

金丸 いや、トラブルは起こしたくないので「関わらないでください」と先生にお願いしていま

した。僕のことは無視してください、と。宿題もやってこないし、先生の言うことを聞く気もない。クラブ活動を辞めろと言われても、辞める気もない。そんな態度だったものですから、だいぶ疎まれていたようです。

小林 でも思うんですが、中学、高校時代に先生の話をふんふんと素直に聞いていた人で、これはという人物になっている人って少ないと思うんです。

金丸 確かに、いませんね。あれは試されているんではないでしょうか。先生の言うことを聞くか聞かないかというリトマス試験紙のようなものですよね。生徒はもっと主張して、先生と戦うぐらいの経験をしていないと、いざ社会に出てから通用しません。社会はサバイバルゲームそのものですからね。

■日本の教育への挑戦。UWC ISAKジャパンの存在意義とは

金丸 2014年8月に、インターナショナルスクール・オブ・アジア軽井沢が開校しました。どのような学校なのでしょうか?

小林 少人数制の全寮制インターナショナルスクールで、対象は高校1年生から3年生。現在、5倍くらいの倍率の中から、1期生の49名が在籍しています。いま、UWC加盟の1次

対談の舞台『HEINZ BECK』

審査が通ったところで、ＵＷＣのホームページに私たちがＪＡＰＡＮの候補校として出ているんですね。教師もＵＷＣの学校で教えたいという思いが強く、今年は８名の教員募集に対して、世界中から数百名の応募がありました（２０１５年2月3日付）。

金丸 なぜ軽井沢という地を選ばれたんですか？

小林 コンペティターは、国内でなく海外の香港やシンガポールのインターナショナルスクールです。彼らにはなくて、私たちに出せるバリューを考えたとき、思ったのは、自然が豊かで、雪があるということ。森や雪があるというのは、アジア人にとって憧憬の的なんですよ。そして、国際空港からある程度近いことですね。

金丸 まさに、スタートを切ったばかりという感じですが、手応えはいかがですか？

小林 やはり、生徒にとって新設高校を受験することは、そう簡単な話ではありません。それでもＵＷＣ ＩＳＡＫジャパンを選んでくれた生徒の皆さんは、本当にリスクテイカーだと思います。そして、学校のミッションを理解し、それを自分たちで実現しようという気持ちを持つ人が集まってくれています。すごく印象的だったのは、初日に親御さんたちを集めて、小さな入学式をしたときのことです。質疑応答になり、当然、「あれはどうですか？ これはどうですか？」という質問がくるだろうと身構えていたら、最初の質問が「What can we do for the school to realize the mission and the vision?」（学校のミッションやビジョンのために私たち親ができることは何か？）という質問だったのです。こういったマインドの方々が集まっているのだと、とてもうれしくなりました。

金丸 日本人は何名ぐらいいるんですか？

小林 現在、日本人は3割ほど。そして、残りは海外からです。第1期生は世界21カ国・地域から応募がありました。ほとんどがソーシャルメディアと国内外のメディア、そして口コミで存在を知ってくださったようです。

金丸 先ほど、他国のインターナショナルスクールと比較してのバリューの話をされていました。逆に国内の学校との違い、差別化があるとすれば、どのようなことですか？

小林 国際的に通用する人間を育てるためのキーワードは3つあります。ひとつは「多様性」。それから問題解決能力ではなく「問題設定能力」。そして、「リスクテイク」です。この3つは日本の学校と最も違いが出るところだと考えています。「多様性」とは、国籍がたくさんあればいい、ということではありません。現代社会というのは、社会的な経済格差や宗教観、文化観、歴史観の違いを持った人たちがごっちゃ混ぜになったものです。だから、その縮図をこの学校に作ろうとしています。そして、「問題設定能力」ですが、ただ与えられた問題を解ければいいという時代は終わりました。これからの時代を生き抜くためには、次に何を生み出せるのか、自分で考える能力が重要です。最後に「リスクテイク」。これからの時代は、失敗を恐れず、困難を乗り越えられる〝挫折力〟が求められます。叩かれても、叩かれても、這い上がってくるような強い精神力がないと何も成し遂げられません。いかに多様性と問題設定能力があっても、リスクを取らない人は何もできないと思うんです。

金丸 しかし、日本でこれらをやり遂げるのは非常に難しいことでもありますよね。

小林 そうですね。でも子どもたちが直面する社会というのは、実際そういうものですよね。好もうと好まざろうと、目の前にあるわけですから。それに対して教育の現場がどう対応していくのかを考えると、自然とこのような形になっていくのだと思います。

■これからの時代に求められるのは、クリエイティビティと匠の技

金丸　小林さんがされている教育は、社会のトップ層に対して行っているものです。逆に教育のボトムアップについては、どのようにお考えですか？　全体の底上げがあってこそ、社会全体のバランスがよくなる面もあります。

小林　そういう意味では、まず20世紀は一定のトップ層と大多数の労働者層に分かれていましたよね。これまでの教育制度は、まさにこれに適したものだったと思います。しかし、今後はまったく違うものになっていくでしょう。「２０１１年に先進国で小学校に入学する人たちの65％は、いまは存在しない職業に就くだろう」とも言われています。ということは、中間層の人たちの仕事は、みなコンピュータに取って代わられてしまう。とすると、人間が担うのは、とてもクリエイティブな〝人間にしかできないこと〟になってくるのです。

金丸　非常によくわかります。

小林　たとえば、セラピストなどの形のないものか、美容師のような人の技術を要するもの。おそらく、今後はたくさんの学校がクリエイティビティの方向にかじを切っていくと思い

ます。つまり、全員が4年制の大学に行く時代ではないんです。たとえばドイツでは早い段階から生徒が職業を見極め、その技を磨いていく教育方針にシフトしています。教育の在り方そのものが変わっていくと考えています。

金丸 デンマークでも、匠の技術を持った職人さんが、大企業の部長と同じくらいの年収を得ています。私も携わっている雇用改革において、匠の技を養成するような道を作るべきではないかと考えているところです。

小林 同じような質の人を大量生産する時代はもう終わりです。

金丸 そうですね。

小林 手に職がつくような人をきちんと育て、またコンピュータではできない、クリエイティビティを創出するような教育をしなければいけません。

金丸 コンピュータに脅かされない存在に自分自身がなる、ということですよね。

小林 それなのに、教育の現場は40年前となんら変わっていません。これからの10年、20年は、私たちの想像をはるかに超えるスピードで変化していくでしょう。そう考えると、〝学び直し〟の機会が、すごく大事ではないでしょうか。今後、なくなってしまう職業や業種がある中で、出直しができる仕組みが必要です。30代、40代になっても、出直せるメンタリティを持っていないと、一生食べていくのは難しい時代になっていくのです。そのスピード感に教育現場もついていけるかがカギになってくると思います。私たちの学校にこれだけ支持をいただいているのは、ただ軽井沢にある変わった学校だから、ということではないと思っています。みな、この学校が風穴となって、日本の教育を変えてくれるのではないか、と応援してくださっています。大きな期待を感じています。

金丸 私もこのプロジェクトには、大きな期待を寄せています。小林さんのいいところは、本当に純粋で、裏表がないところ。そして、好奇心旺盛で、何かあるとすぐに反応し、突き進むところ。そんな小林さんだからこそ、日本の教育に風穴を開けることができるのではないでしょうか。本日は、どうもありがとうございました。

SPECIAL TALK 14

株式会社 ZMP
代表取締役社長

谷口 恒氏

PROFILE

1964年生まれ。兵庫県姫路市出身。制御機器メーカー、化学商社、ネットコンテンツ会社の起業を経て、2001年にZMPを設立。2014年から総合ロボット会社としてRobot of Everything戦略を開始し、自社での最先端研究、製品開発はもちろんのこと、国内外の有名企業や大学などともパートナーシップおよび連携を進める。

Special Talk 14

株式会社ZMP
代表取締役社長

谷口 恒氏

テクノロジーへの興奮が、新しいビジネスを生み出す

近年、世界中で脚光を浴びているロボット技術。自動運転や物流システム、さらには医療に農業と、あらゆる分野においてロボット技術が応用され始めている。

そうしたロボット技術に魅せられ、その技術で世界の在り方を変えていこうと夢見ているのが、株式会社ZMPの谷口恒氏だ。従来の枠にとらわれない気鋭の経営者を突き動かしているのは、誰もがあっと驚くようなイノベーションを起こしたいといった熱い情熱と、新しいテクノロジーへの純粋なる興奮である。

跡継ぎ息子としてゆくゆくは実家を継ぐことに対し、何の疑念も持たなかった谷口氏が、ビジネスを起こすような人生の転機とはいったい何だったのか？　本対談では谷口氏の半生を辿りつつ、未来を切り拓くビジネスの面白さについて熱く語っている。

金丸 今日は、谷口社長の半生をじっくり伺いたいと思っています。早速ですが、お生まれはどちらですか？

谷口 兵庫県の姫路市です。

金丸 姫路ですか。私も関西出身です。大阪の枚方の生まれなんですよ。ということは、普段は関西弁？

谷口 そうなんですが、もう関東に住んでいるほうが長いので、「関西なまりの標準語」を話しているんじゃないかと。でも関西人に会うと関西弁、ですね（笑）。

金丸 子どもの頃は何をして過ごしていましたか？

谷口 実家が天台宗のお寺でして。

金丸 えっ、お父様はお坊さんなんですか？

谷口 はい。ただ専業ではなく、学校の教師もしている兼業僧侶でした。朝晩のお勤めとしてお経を読むんですが、私も小僧のように父の後ろで毎日お経を読んでいました。

金丸 じゃあ、いまでもお経を読めるんですか？

谷口 天台宗には「般若心経《はんにゃしんぎょう》」「自我偈《じがげ》」「円頓章《えんどんしょう》」という3つの重要なお経があるんですが、これはいまでも読めます。小学6年生ぐらいまでにすべて覚えてしまいました。毎日やっていると、意味はわからなくても覚えるものなんですね。毎日の行いというのは、すごいものです。

金丸　長く続いているお寺なんですか？

谷口　創建は鎌倉時代ですが、一度火事で焼失してしまい、それを祖父が再建しました。私が3代目にあたります。お寺というのは季節ごとに行事があって、いつも大勢の人で賑わっているんです。おじいちゃん、おばあちゃんから子どもまで、いろいろな世代の方と交流がありました。

金丸　お寺のご子息となると、放課後はどのような遊びを？

谷口　ほかの子と変わりませんよ。小学校のときは、放課後はたいていソフトボールの練習をしていました。毎年町内で大会があり、それに向けて練習に明け暮れていましたね。それから、家でニワトリとチャボを飼っていたので、卵の回収を日課にしていました。

金丸　自然豊かなところだったんですね。

谷口　姫路の郊外なので自然がいっぱいで。あとはザリガニ獲りをしていました。

金丸　ザリガニですか!?　私もよく獲っていましたよ。エサは何を？

谷口　いや、エサはないんです。石をめくると、そこらじゅうにザリガニがいましたから、素手でガバッと摑んでいました。ハサミで挟まれたりしながら（笑）。

金丸　ワイルドですね（笑）。

中学生の頃、比叡山延暦寺根本中堂を訪れた袈裟姿の谷口氏

谷口 とにかく元気でした。中学校、高校までは地元の姫路で過ごし、大学からは親元を離れて群馬大学に進みました。

金丸 いま、ロボットビジネスを手掛けているということは、専攻は機械工学ですか？

谷口 いえ、バイオなんです。まだ「バイオ」という言葉がなかった時代に、高分子化学を専門にしていました。

金丸 意外ですね。なぜバイオを選んだんですか？

谷口 「化学はつぶしがきく」と言われたから、というのもあるんですが、より広く物事を捉える力を養えそうだと思ったんです。

金丸 じゃあ、勉強にも励まれたんですね。

谷口 それが、全然しませんでした（笑）。実は高校の頃から髪をリーゼントにしたり、金髪にしたりしていまして。

金丸　かなり、やんちゃだったと（笑）。

谷口　そうですね。それに車が大好きで。大学時代は黒いセドリックに乗っていて、車高は低く、窓は黒塗り、中には真っ赤なチンチラの絨毯を敷いていました。

金丸　車内では靴を脱ぐとか？

谷口　もちろんです。バイト代を貯めて、車を2台持っていた時期もあります。

金丸　モテましたか？

谷口　自分で言うのもなんですが、モテまくりました（笑）。前橋あたりをよくドライブしていましたね。いやあ、懐かしい。でも4年生になると、卒業研究があったので実験に没頭し、夜中までよく研究室にこもっていました。DNA合成の研究をしていたんですが、やっぱり実験は楽しくて。何かと何かが反応して新しいものが生まれる。そのことに、いつもワクワクしていました。

■神戸の制御機器開発メーカーに就職。そして化学商社で営業を極める

金丸　そんな楽しい大学生活の後、地元で就職されましたね。最初から地元志向だったんですか？

谷口　地元に帰るというのが、親との約束だったんです。自分自身もいずれは実家のお寺を継ぐ

大学１年生の頃、愛車の黒のセドリック前にて

ものだと思っていたので、就職先も地元企業の中から、なるべく安定している一部上場企業で、自動車関連の会社という条件で選びました。それで「日本エヤーブレーキ株式会社（現・ナブテスコ株式会社）」という制御機器メーカーに入ったんですが、３年間勤めて退職しました。

金丸 せっかく希望通りの会社に就職できたのに、なぜですか？

谷口 就職してすぐ転勤になり、横須賀に赴任したんですが、地元から遠く離れたせいか、「お寺を継がなければ」という気持ちが一気に薄れてしまったんです。それまで継ぐのが当たり前だと思っていただけに、その考えから解放されたとたん、いろいろなことに挑戦したくなってしまって。思えば、あれが私の転機でしたね。

もっと広い世界が見たい、いろいろなことをやってみたいという欲が出てきて、化学系商社に転職し、アメリカ製のレーザーを売る技術営業になりました。

金丸 エンジニアから営業への転身ですね。具体的には、どのような仕事をされていたんですか？

谷口 私が担当していた半導体励起固体レーザーは、当時は世界でもアメリカとドイツの2社しか作っていない珍しいもので、日本ではほとんど知られていませんでした。でも調べてみると、通信から核融合まで多くの分野に利用できる、すごい技術だということがわかりました。それで、こんなところに使えるんじゃないかと様々な活用シーンを想定して、飛び込みで電話営業をかけまくったんです。「こんなレーザーがありますよ」「こんなことに使えますよ」と。

金丸 で、成績はどうだったんですか？

谷口 よかったですね。最初の頃は苦労しましたけど、お客様の声を聞いて、その用途に合った提案を積極的に行っていった結果、売上もどんどん伸びていきました。新しい技術を広めたいと必死でしたからね。ここで顧客のニーズを摑むマーケティング力を身につけました。

金丸 それだけ売れると、面白かったでしょう。

谷口 面白かったです。営業の魅力はなんと言っても〝自分で道を切り拓ける〟ということ。製品を売るにはマーケティングがもちろん必要ですが、最終的に売れるかどうかを左右するのは、営業です。世の中の問題を見つけて仮説を立て、その仮説に合うお客様にヒアリングをする。そうして新しい用途や新しい製品を創り出す。いまもそれを続けていると思っています。

金丸 多角的に力を身につけてきたからこそ、いまがあるわけですね。

■インターネットとの出合いと興奮。起業への道を歩み始める

金丸 その後、インターネット関連の事業を始められますが、インターネットとの出合いはいつですか？

谷口 商社に就職して6年目の、ちょうど楽天が創業した1997年頃です。『これでインターネットにつながる！』という、CD-ROM付きの洋書を書店で見つけてすぐに買い、英語の分厚い本を読みながら、ソフトをインストールしました。ピーピー、ピーピーという音の後、ゆっくりとホームページが現れて、「なんじゃこりゃ!?」と興奮しましたね。海外出張には何度も行っていたんですが、「その海外が、いま、目の前にある！」という不思議な感覚に襲われました。いまでもあの衝撃は忘れません。

金丸　その〝興奮〟が、起業へと邁進させたわけですね。

谷口　そうですね。当時、後輩たちとインターネットで何かできないだろうかと、いろいろ研究していて、「コンテンツを作ろう」という話になったんです。「じゃあ、外国の人は日本の何に興味がある？」「それは日本のファッションだろう」「だったら、原宿でファッショナブルな女の子たちの写真を撮って、ホームページにアップしたらどう？」ということで、「原宿美少女ストリート」というサイトをアップしました。そしたら、それが無茶苦茶ヒットしまして。

金丸　谷口社長ならではの面白い発想です。

谷口　いま思うと、ほんとに単純なんですけど、そのうち学研の『ＢＯＭＢ』という人気雑誌からお声がかかり、「今度『ＢＯＭＢ』のインターネット版を作らないか？」という話が舞い込み、学研初のインターネットサイトを立ち上げることになりました。

金丸　トントン拍子に話が進んでいきましたね。

谷口　それで商社を辞めて、独立しましたからね。サイト開設後は順調で、大手の芸能事務所やポータルサイトなどからも仕事の話がくるようになりました。事業拡大に向けて、ネット上の決済システムを作ろうと特許も出願し、いざ出資金を集めようとした矢先、ネットバブルが弾けました。

金丸 それで資金調達を断念したんですか？

谷口 市場から資金が一気に引き上げられてしまいましたから。そんなとき、文科省のヒト型ロボット研究所に入った知人から「遊びに来ない？」と誘われ、見学に行ったんです。そこでロボットに出合い、「これだ！」と思いました。

金丸 今度はロボットに興奮したんですね（笑）。

谷口 はい、興奮しました。実体がないインターネットと違って、ロボットはリアルに存在します。その場で「ロボットを開発したい」と思いました。インターネットのときもそうでしたが、好奇心を刺激される新しいテクノロジーとの出合いには、いつもワクワクさせられます。

■ロボット開発を経てZMP創業へ。コラボに感じる勝機とは？

金丸 谷口社長は、二足歩行ロボットの開発を経て、2001年に「株式会社ZMP」を創業されます。社名のZMPとは、どういう意味なのですか？

谷口 ZMPとは、ゼロモーメントポイント（Zero Moment Point）の略で、動力学的な重心位置のことを意味します。そして二足歩行のロボットは、足裏上にZMPが来ることで初めて歩くことができます。つまり、二足歩行ロボットの歩行を実現するのに、最も重要なポイントなんです。このように私たちの会社も、ロボット分野で最も重要な存在になりたいと思い、この社名にしました。

金丸 素晴らしい意味が込められているんですね。現在は、どのようなビジネスをされているんですか？

谷口 自動運転車や物流ロボット、ドローン、計測や分析機器などの開発を中心に行っています。軸となるのは、自動運転技術とロボット技術ですが、私はこういった技術は、あらゆる分野に応用がきくと考えているんです。人間は、目で周りの環境を見ながら、頭で判断し、最後に手足を動かしますよね。その手足の部分は、たとえば農業機械や自動車の組立工場などを見ればわかるように、すでに多くを機械が担っているので、ZMPでは「目」と「頭」の部分に特化した製品を作っています。あらゆるものにロボット技術を応用して、安全で楽しく便利なライフスタイルを社会に提供したい。そんな思いから、「Robot of Everything」を会社のミッションに掲げています。

金丸 社員はやはり若い方が多いんですか？

谷口 70名いるんですが、平均年齢は30代前半で、外国籍の方が多くいますね。フランス、イタリア、イギリス、スペイン、ポルトガル、オーストラリア、アジアでは中国、台湾、マレーシアなど12カ国の方が働いています。一番多いのはフランスです。

金丸 フランスですか？

谷口 おそらく長期的な視点とかエモーショナルなカルチャーとかが合っているんじゃないかと。

金丸 谷口社長と同じ〝興奮体質〟ということですね（笑）。

谷口 そうかもしれません（笑）。お金よりも目先の利益よりも、未来の夢に自分の人生を懸ける。そんな価値観を持つ、エモーショナルな方がフランスをはじめ、ヨーロッパには多いような気がします。一方、アメリカ人は、ビジネスとしての先が見えないと動いてくれないんですよ。高額なギャラを払わなければ、自分の価値が下がったと思ってしまう。アメリカ人とも何度も面接しているんですが、採用には至っていません。

金丸 私たちとも、何か一緒にビジネスができると面白いですね。

谷口 そうですね、何かやりたいですね。たとえば私たちのドローン技術は、農業にも応用できます。ドローンを農地の上空に飛ばして、田植えや収穫に最適な自動運転のルートを作成する。そのデータを農業機械に連動させて動かせば、効率的に農作業ができます。

金丸 それはいいですね。農業分野のロボット化は、高齢化と後継者不足を解決する切り札として、大きな期待をされています。私は政府の規制改革会議（現・規制改革推進会議）の農業ワーキング・グループの座長を務めているんですが、日本の農業機械は韓国製に比べて、価格が高いんです。ＧＰＳ程度しか搭載していない農機ではなく、センサーをフル装備したハイテクの農機を提供したい。ハイテク農機の導入が進めば、新規参入する企業や就農する若者も増えて、農業全体が活性化するんじゃないかと思うんです。

谷口　ぜひ一緒にやりましょう。私たちの会社は大手の系列ではなく独立系なので、コラボレーションは欠かせません。異なるふたつのものが化学反応を起こすことで、思ってもみないような成果物ができる。コラボレーションは、私たちのビジネスの命です。そしてイノベーションは、コラボレーションによって加速するものだと思っています。

金丸　同感です。一緒に日本の農業を盛り上げていきましょう。

■観察し、実際に手を動かすこと。あえて「考えない」理由

金丸　谷口社長と話していると、夢が膨らみます。アイデアの源はどこにあるんですか？

谷口　それはやはり、最先端のテクノロジーが好きだということでしょうか。最新の情報を手に入れるために、第一線の研究者に直接会うことを心掛けています。単にインターネットから情報を得るのではなく、最先端の技術や知識に触れることで、アイデアの引き出しを増やしています。もうひとつは、観察することです。周りを見て何か困っていること

対談の舞台『アルマーニ/リストランテ』

はないか、問題はないかを常に探しています。たとえば電車に乗っていても、私は絶対にスマホはいじらないんですよ。みんながスマホと向き合っている間、周りの乗客をじっくり観察しています。

金丸 とくに若い人たちは何でもインターネットで済ませてしまう傾向にありますよね。でも、それでは道は開けません。

谷口 ビジネスには、世の中のこういった部分を変えたいとか、もっと便利にしたいという目的が必要です。でも目的というのは、自分が何かに困ったり失敗したりという経験がないと見つけられないと思うんです。先日ある経営者が、インタビューで「経営者に共通する課題は、ビジネスの目的を見つけられないことだ」と答えていました。それは偉くなればなるほど現場に出る機会が減り、レポートで判断することが多くなるからだと。そんな現場を知らない状況では、目的が見つからないのは当然です。

金丸　最近の若者については、どのようにお考えですか？

谷口　たまに大学で講演するんですが、最近の学生は、すごく真面目で草食系ですよね。ノートもびっしり取っていて感心します。私の学生の頃なんて、あほなこと書いて先生をからかっていましたけど（笑）。そんな中で、すごく面白い大学を見つけたんです。

金丸　どこの大学ですか？

谷口　東京藝術大学です。あそこは野生の匂いがしますよ。日本の古い伝統が残っていますし、世間から隔絶されているせいなのか、人間本来の欲望をむき出しに生きている学生が多いように感じました。実はこの4月から、東京藝術大学の大学院の博士後期課程に入学することにしたんです。

金丸　ええっ、そうなんですか（笑）。

谷口　野性味溢れる学生たちと一緒に学んだら、面白いだろうなと思って。それに私は、iPhoneのような世界をガラリと変えるプロダクトを、この日本から生み出したいんです。そのためには、彼らのような枠に収まらない人間が必要だと。藝大の教授にも聞いてみたんですが、「イノベーションの決め手は、観察だ」とおっしゃっていました。大事なのはデッサンだと。

金丸 観察することから、イノベーションが生まれると？

谷口 はい。アメリカのデザイン・コンサルティング会社で、Appleの初代のマウスを手掛けた「IDEO」という会社があるんですが、そこの共同経営者のトム・ケリー氏にいただいた本にも、同じことが書いてありました。「いつでもどこでも観察して、考えすぎず、手を動かしてプロトタイプを作り、試してみろ」と。頭で考えるだけでは、やはりダメなんです。

金丸 その点、谷口社長は割とすぐ行動に移されていますよね。

谷口 実は一度考え始めると、冷静に分析してしまって、実行に移す前に「ダメかもしれない」と判断する〝まともな自分〟が顔を出してくるんです。だから、あえてあまり考えず、まず行動するようにしています。

金丸 観察、そして即行動。ものを作る人間にとって、とても重要なことです。

谷口 ビジネスなので手堅くいくことは大事ですが、やはり勝負を忘れてはいけません。保守的になって挑戦しなくなると、ビジネス自体も小さく収まってしまう。それに失敗を通じて学ぶことも多いですからね。

金丸 もの作りの考え方に、作り手、つまり企業側がいいと思うものを作る「プロダクトアウト」と、顧客が求めるものを作る「マーケットイン」があります。昨今は「マーケットインが大事だ」と言う人が多いのですが、私はマーケットインからイノベーションは起きない、と思っています。iPhoneも、ジョブズがユーザーに聞いて回ってできたものじゃない。市場調査などしていたら、あんな革新的な製品は生まれていません。

谷口 そうですよね。うちの会社でもロボットカーを手掛けたときに似たようなことがありました。実車の10分の1サイズのロボットカーのニーズがあるかどうか、大手自動車メーカーの方にヒアリングをしたんです。そうしたら9割が「必要ない」という回答で、「欲しい」と回答したのは1割だけでした。中には「これに100万円を出すなら、軽自動車を買う」という厳しい意見もありました。でも実際に発売してみると、飛ぶように売れました。もし9割の声に耳を傾けすぎていたら、この製品は世に出ないままだったと思います。

■オフィスの隣は広大な植物園。そこで構想するロボットの未来

金丸 そんなにアクティブに活動されていると、休む暇がないのでは？

谷口 確かに忙しくしていますが、ちゃんと休んでいますよ。それに働いていても気分がいいんです。小石川にある本社の窓を開けると、植物園が一望できます。こんな都心にもかかわらず、東京ドーム4個分くらいの広さがあって、マイナスイオンがたくさん出ている

のを感じます。とてもリラックスできて、発想も湧いてくるんです。

金丸 羨ましいですね。丸の内や大手町だとそうはいきません。では最後に、今後の夢をお聞かせください。

谷口 いま力を入れているのは、「自動走行タクシー」の実用化です。スマホのアプリで無人のタクシーを呼び出し、目的地まで自動運転で連れていってもらうというサービスです。「自動走行タクシー」の実現に向けて日の丸交通をはじめ全国のタクシー会社と提携を進めており、2020年東京五輪での導入を目指しています。とくにタクシー不足に悩む地方において、運転ができないお年寄りが自由に移動できる手段として実用化を目指しています。

金丸 過疎化が進む地域では、移動手段の確保は深刻な問題ですからね。

谷口 2016年2月から神奈川県で日本初の住民を乗せてショッピングセンターに送迎をする実証実験を行っています。現時点ではまだ法律の問題があって、無人ではなく運転手が同乗しているんですよ。無人運転に関するルール作りや法整備が進み、2020年の東京オリンピックでは、自動運転タクシーが街中を走り回っているようにしたいです。

金丸 それは楽しみですね。私も利用したいです。

谷口 もうひとつは、「キャリロ」という物流支援ロボットを使って、物流にイノベーションを起こしたいと思っています。「キャリロ」はロボット技術を応用した台車で、負荷を軽減するための移動アシストや、作業員が先導する台車を自動で追いかける「かるがもモード」、指定エリア内を自由に移動する「自律移動機能」などを搭載しています。

物流業界はドライバー不足が深刻で、とりわけ再配達にかかる手間とコストが大きな問題となっています。その解決策として「キャリロ」を使った仕組みを作りたいんです。たとえば、スマホで荷物の受取日時と場所を指定してもらい、キャリロが自動で荷物を運べば、着実に届けられるので再配達の手間が省けます。女性の中には、ロボットのほうが安心して受け取れる、という方も少なくないかもしれません。

金丸 実用化されれば、物流がガラリと変わりますね。ロボットと共存する社会が、すぐそこにあるのだと実感します。ぜひ未来を創っていっていただきたい。今日は本当にありがとうございました。

SPECIAL TALK 15

株式会社気仙沼ニッティング
代表取締役

御手洗 瑞子氏

PROFILE

1985年、東京都生まれ。東京大学経済学部を卒業後、マッキンゼー・アンド・カンパニー入社。その後、ブータンに渡り、初代ブータン首相フェローを務める。東日本大震災を機に帰国。2012年より、高品質な手編みのセーターやカーディガンをオーダーメイド・販売する「気仙沼ニッティング」を起ち上げる。2013年に法人化し、代表取締役に就任。

Special Talk 15

株式会社気仙沼ニッティング
代表取締役

御手洗瑞子氏

知らない世界に自分をさらし、経験し、考えることが大切

震災後、人々の生活が一変した宮城県気仙沼で、地元の人が誇りを持って働ける仕事を作りたいという信念のもと、「気仙沼ニッティング」を立ち上げた御手洗瑞子氏。縁もゆかりもない土地で、着実にビジネスを創り上げたその手腕は、卓越したものがある。

また御手洗氏のキャリアは、実にユニークだ。東京大学経済学部を卒業後、コンサルティング会社を経て、民主化直後のブータンで首相フェロー（専門知識を持つ若手の外国人が、ブータン政府の役人として1年間ブータンの発展に貢献するプログラム）として、国の観光産業発展に道筋をつけたのだ。

こうした生き様の根底には、ひとつの価値観にとらわれないという、母の教えに基づく行動哲学がある。御手洗氏の生き方から、グローバル社会における関係構築や、価値観が違う集団でのリーダーシップの取り方など、ヒントを探ってほしい。

金丸　本日はわざわざ気仙沼からお越しいただき、ありがとうございます。まずは自己紹介も兼ねて、会社の事業内容を教えていただけますか？

御手洗　宮城県の気仙沼で「気仙沼ニッティング」という手編みのセーターやカーディガンを製造、販売する会社の代表をしています。創業は2012年で、気仙沼で暮らす約60人の編み手さんが、一枚ずつ手編みで作っています。高品質で一生もののセーターになるとお客様には大変好評で、オーダーメイドの商品はいま約200人待ちの状況です。

金丸　すごいですね。今日御手洗さんが着ているセーターも素敵ですね。

御手洗　ありがとうございます。これは「バーニーズ ニューヨーク」とコラボレーションしたアイテムです。

金丸　おいくらですか？

御手洗　19万4000円です。いつもは編み物作家の三國万里子さんという方にデザインしてもらっているのですが、初めてゲストデザイナーにデザインしてもらいました。

金丸　見ているだけで、品質のよさが伝わってきます。今回御手洗さんをお招きしたのは、そのキャリアがずば抜けてユニークだと思ったからです。まだ31歳とのことですが、現在に至るまでの道のりをぜひ聞かせてほしいと思っています。

御手洗　とんでもないです。こちらこそよろしくお願いします。

■名門女子校で培われたコミュニケーション能力

金丸 御手洗という名字は珍しいですよね。

御手洗 ルーツは大分だと聞いています。でも生まれは、東京の大田区です。

金丸 お住まいはずっと東京でしょうか？

御手洗 はい。ずっと東京で、高校までは田園調布雙葉学園に通っていました。

金丸 名門女子校ですね。どのような学生でしたか？

御手洗 そうですね、わりといたずらっ子だったんですが、先生とも仲がよく、そんなに怒られなかった気がします。一貫校で付き合いが長いせいか、生徒も先生に親しみを持っていて、みんな仲がいいんです。

金丸 私の地元の鹿児島では考えられません。それに私はすぐに怒鳴られる生徒でしたし（笑）。ところで部活は何をされていたんですか？

御手洗 小学校高学年から剣道を習っていました。はじめは弟の付き添いで道場に行っていたんですが、次第に私もやりたくなってしまって。中学、高校は剣道部でした。二段を持っているんですよ。あとは、子どもの頃からよく国際キャンプに参加していました。

小学校５年生の御手洗氏。家族旅行で古いお屋敷を探検している様子

金丸 国際キャンプというのは？

御手洗 いろいろな国の子どもたちが集まって、共同生活を送るんです。うちの母が「学校も楽しいけど、学校だけだと自分の世界が狭くなってしまうから」と言って、夏休みの度にいろんな学外の活動に参加していました。そのひとつに、この国際キャンプがありました。

金丸 初めて参加したのは、いつですか？

御手洗 11歳のときです。ＣＩＳＶという国際ボランティア団体が主催しているキャンプに参加するため、ポルトガルに行きました。12カ国から私と同じ11歳の子どもたちが50名ぐらい来ていて、１カ月間一緒に生活しました。

金丸 ポルトガルですか？　ずいぶん遠くまで行きましたね。英語は話せたんですか？

御手洗 いいえ、まったく話せなかったです。英語が母国語じゃない子もいるので、プログラムも最初は参加者が仲よくなるためのアクティビティが多いです。名前を覚えるゲームから、かけっこ、国の文化紹介など。終盤になってくると、平和教育ゲームなどをやりました。たとえば「PEACE WAR PEACE」というゲームがあります。

金丸　それはどんなゲームなんですか？

御手洗　まずいくつかのチームに分かれて、模造紙の上に、自分たちの「理想の国」を工作していきます。チームのみんなで話し合いながら、1時間ぐらいかけて作ります。カラフルなものやバルーンが飛んでいるものなど、楽しい国に仕上げていくんです。で、完成したら、それを別のチームと交換します。手元には、他のチームが作った作品がやってくる。その瞬間、それまでスローだったBGMが急にパンクな音楽に変わって、「じゃあ、それをめちゃくちゃに破壊しましょう！」と言われるんです（笑）。

金丸　えっ！　ちょっと想像しない展開（笑）。

御手洗　ですよね。で、ぐちゃぐちゃに壊すんですよ。子どもって残酷なところもあって、他人が作ったものを勢いよく壊せちゃうんです。みんなが作った「理想の国」は、5分ほどですっかり壊れてしまいます。そこで、それぞれの作品をもとのチームに戻すんです。破壊された作品が自分のチームに戻ってきて、「今度はこれを直しましょう」と。だいたい、みんな途方に暮れますね。自分が作ったものが壊されたと怒る子もいますが、自分も他のチームのものを壊したし……。

金丸 全員がお互い様、というわけですね。

御手洗 はい。一度壊された作品を、もう一度作り直していくのは本当に大変です。PEACE WAR PEACE。平和、戦争、平和という名前の通り、その疑似体験をさせて、どう感じたのかを議論するんです。

金丸 日本の教育では考えられないプログラムです。こういう感情を子どもに理解させるというのは驚きのプログラムですね。

■異文化間のコミュニケーションの難しさを体感し、悩み抜いた高校時代

金丸 その後も国際キャンプには、よく参加されたんですか？

御手洗 はい、チャンスがあれば手を挙げるようにしていました。中学3年生のときにまた参加できる機会があったんですが、そのとき参加したドイツのキャンプでは、価値観を大きく揺さぶられました。10カ国ぐらいから同世代の子どもたちが参加していたんですけど、もう荒れに荒れてしまって。

金丸　何があったんですか？

御手洗　朝は起きてこない、プログラムに参加しないは当たり前。ルールを守らないどころか、昼からお酒は飲むわ、夜に脱走して警察に捕まるわで……。

金丸　15歳、ですよね？

御手洗　はい、中学生です。そんな状況なのに、私がキャンプの議長になってしまいました。それでキャンプミーティングのとき、みんなに「このメンバーがこうして集まるのは一生に一度だし、しっかりとルールを守って、みんなでいいキャンプにしていこう！」と言ったんです。そうしたら、コロンビアのホセという体格のいい男の子が手を挙げ、「たまこ、それは日本人の価値観なんじゃないか？」と言ったんです。「みんなで作ったルールに従えば、いいキャンプになるって？　それが一番ハッピーな形だっていうのは、君の意見に過ぎないんじゃないか？」と。彼の主張は「キャンプは仕事でもないし、学校でもない。親の目もないんだから、できるだけリラックスしたほうがいいじゃん」というものでした。

金丸　自由な場所にいるのに、なぜわざわざルールに従わないといけないのか、楽しんだほうがいいじゃないか、ということですね。

御手洗　はい。それを聞いた瞬間、それも一理あるなあって思ってしまって。私は自分の言っていることが正しいと思って発言したんですが、それは一方向から見た意見でしかないんだ、と気づかされました。それで最終的にいいキャンプになった、という話ならいいんですが、そうもいかず……。結局、最後までキャンプはバラバラでした。日本に帰ってきてからもずっと、あのときどうすればよかったのか、と考え続けていました。

金丸　いま世界で起こっている争いの多くは、そのような価値観の相違から生まれているのではないでしょうか。ちなみに、いまの御手洗さんだったら、ドイツのキャンプで起こった問題をどう解決しますか？

御手洗　いまだったら、みんなの話をもっとちゃんと聞いた、と思います。お酒を飲んでいる人や、夜に脱走している人のところに行って、彼らの話を聞く。当時は、なんとなく怖くて、避けていたんです。会議の場で正論を言うだけになっていました。もしあの場に戻れるなら、一人ひとりと話し、相手の気持ちを理解した上で議論をしたと思います。

金丸　世界に出れば出るほど、価値観は多様です。宗教も違うし、文化も違う。でもそういう多様性に小さい頃から触れているのは、本当に貴重な体験ですよね。

御手洗　自分が正しいと信じていても、その価値観が根底から違うこともあると痛感しました。このキャンプが2000年のことで、翌年にはアメリカ同時多発テロが起きました。かなりショックを受けましたが、背景を勉強していくうちに、自分がドイツのキャンプで感じた価値観の相違の延長線上に、こういう事件が起こるんじゃないかと理解しました。

金丸　自身の経験と重ねて考えるとは。高校1年生でそこまで当事者意識を持てる人はなかなかいないと思います。

御手洗　誰かが幸せに暮らしているとき、その生活が、世界の反対側の誰かを不幸せにしていることがある。でも、幸せに暮らしている人のほうはそれに気づかない。そういうことって嫌だなぁと、思っていました。高校生の頃は、そうならない世の中にするにはどうしたらいいんだろう、ということばかり考えていましたね。まるでオタクのように文明論や言語にまつわる本、認知神経科学の本などを読み漁っていました。もちろん高校では社交的にしていましたが、家ではひたすら読書に励む。そんな二面性がありました。

様々な職業の人と触れ合い、価値観を広めた大学時代

金丸　高校卒業後は、東京大学に進学されていますね。

御手洗　はい。漠然と、経済は勉強したほうがいいなと思ったんですが、その前に幅広く学びたいことがあった。それで、まず教養学部に入ってから経済学部に進学できる東京大学に行きました。

金丸　大学時代もやはり海外に行くことが多かったんですか？

御手洗 そうですね。長い休みには、子どもの国際キャンプのリーダーをしたり、バックパックで海外旅行をしたりしていました。あと、自分で学生団体を立ち上げて活動をしていました。月に1度、いろんな分野の働いている人に話を聞きに行くフィールドワークを企画していました。漁師さんと一緒に漁をしたり、歌舞伎役者さんから、伝統を守りつつビジネスとして事業を継続する難しさを伺ったりしました。国によってだけでなく、仕事の分野によっても価値観は違います。学生だからこそ聞けることも多くて、とても勉強になりました。

金丸 学生時代から一歩引いた視点で、自分を見ることができていたんですね。就職については、どのように考えていたんですか？

御手洗 大学時代に非営利分野で活動をしていて感じたのは、既存のビジネスの世界の回り方を知らないまま非営利の分野をやっても、補完的なことしかできないということです。本当に世の中にいい変化を生もうと思ったら、ビジネスの世界も学ぶ必要があると考えました。

金丸 まずは営利組織を学ぶことが大切だと？

御手洗 はい。それでコンサルティング会社に興味を持ったんです。いろいろな分野のビジネスを見ることができ、経営者の意思決定も間近で見られる。それに世界を舞台に仕事がしたいという想いもあり、マッキンゼー・アンド・カンパニーに就職しました。

金丸 マッキンゼーには何年ほどいたんですか？

御手洗　2年ちょっとです。一度退職してブータンに行き、その後再入社しました。

大手小売り企業の大改革を担当。大きな成果を残す

金丸　マッキンゼー時代で最も印象に残っているのは、どんな仕事ですか？
御手洗　ある大手小売り企業の現場のオペレーションを変える仕事です。入社してすぐでしたが、東北支社担当にも抜擢してもらって。
金丸　大改革を任されたんですね。しかし、小売りは毎日のオペレーションの積み重ねです。大勢の人たちのルーティーンを変えるというのは、一番大変ですよね。
御手洗　そうですね。人の考え方や行動を変えていく難しさを学ぶことができました。
金丸　結果は出たんですか？
御手洗　なんとか。
金丸　それは頑張りましたね。
御手洗　当時改善したことはいまも定着しているそうで、とてもうれしいです。
金丸　で、ブータンの話はいつ出てくるんでしょう？

御手洗 そうですよね（笑）。ブータンの話は入社して2年目で、会社を辞めようとしていたときのことなんです。

金丸 辞めようと思った、そのきっかけは何だったんですか？

御手洗 自分が社内での仕事の評価にこだわり始めていることに、不安を感じたんです。マッキンゼーは半年ごとに業績が評価されるシステムなんですけど、正当に評価してもらえるので、つい成績を上げることに夢中になってしまうんですね。仕事自体もすごくエキサイティングだし、このままいくとマッキンゼーでの仕事に没頭して出世一辺倒になってしまう、と感じたんです。それで、いったんリセットして目線を上げたいと思いました。ちょうどそのとき、民主化したばかりのブータンが、経済的な自立を目指して産業育成をリードしてくれる人材を探しているという話が舞い込んできたんです。

金丸 すごいタイミングですね。

御手洗 当初はインドのデリー支社に持ち込まれた話でしたが、日本支社にその話がまわってきて、推薦をしてもらいました。

金丸 まだ入社2年目なのに、なぜ御手洗さんだったんですか？

御手洗 会社ではずっと社会的・公的領域に興味があると公言していて、若手を集めた勉強会を開いたりもしていました。あとは、「御手洗なら、きっと真剣にやるだろう」と思ってもらえたのかもしれません。

金丸　やはり、一つひとつの仕事にしっかり取り組むことは大切ですね。

御手洗　本当にそうですね。このときほど、そう思ったことはありません。ちゃんと仕事をしていると、それが信頼になって次の道が拓けるんですね。

■ブータンで首相フェローに。ゼロからのスタートに戸惑う

金丸　ところで、その当時、ブータンについて少しは知っていたんですか？

御手洗　いえいえ。高校のときに勉強した程度です。

金丸　不安はありませんでしたか？

御手洗　それよりも、行きたいという気持ちが勝ちました。話もトントン拍子で進み、すぐにブータンに発ちました。

金丸　下見に行くとかもないんですね（笑）。

御手洗　すぐに来てくれと言われて。でもブータンは、日本とはいろんなことが違うので、戸惑うこともありました。私が空港に着いたときも誰も迎えがいなくて……。担当者に電話をかけたら、「あー今日だったか。ごめん、ごめん！」という調子で（笑）。

対談の舞台『CRISTA』

金丸 ゆるいですね（笑）。

御手洗 それで職場に行き、どんな仕事を頼まれるんだろうと思っていたら、「で、何をしてくれるの？」と言われました（笑）。最初の仕事は、自分が何をすれば一番ブータンの役に立てるのか考えて、提案すること。本当にゼロからのスタートでしたね。

金丸 そのとき25歳ですよね。向こうもビックリしたでしょう。こんな若い女性が来たって。

御手洗 そうですね。でも当時のブータンには、新しいことにもどんどん挑戦する姿勢がありました。きっと日本も明治維新直後は、こんな感じだったんじゃないかと。

金丸 ブータンでは、どのような仕事を？

御手洗 私のミッションは、首相フェローとして産業育成に従事し、国を経済的に自立させることでした。産業育成の柱はふたつ。水力発電と観光産業。水力発電は見通しが立っていたので、私は観光産業をいかに成長させるかということに注力しました。

金丸 一国の産業計画など、なかなかできる仕事ではありません。

御手洗 当時1万4000人だった観光客を10万人に増やすという目標があり、そこに至るまでの道筋を立てることが、私の仕事でした。

金丸 様々な価値観に触れ合ってきた御手洗さんでも、ブータンの方々に馴染むのは大変だったのではないですか？

御手洗 まずはブータンの人に信頼されないと、何もできません。給料はブータン人の公務員と同じ水準にしてもらい、服装も、同僚と同じようにブータンの民族衣装を着ていました。ご飯も、毎日ブータン料理。やっぱりそうすると、みんな喜んでくれるんです。まずは仲間に入れてもらうところから始めました。

金丸 相手の懐に飛び込むというのは、非常に大切なことですよね。

御手洗 そうですね。その上で「ブータンのためには何がよいか」をずっと考えて、行動していました。観光産業の既得権益を切るような仕事もしていたので、正直大変なこともありました。でも、民主主義の始まったばかりの国で、このような仕事ができたことは、とても勉強になりました。結果も出せたので、よかったです。

金丸 ブータンには何年ぐらいいたんですか？

御手洗 1年ちょっとです。1年の契約が終わった時点で、更新せず帰国しました。その年の3月に東日本大震災があって。いまは日本人として、日本の東北の復興に力を使うべきじゃないかと思って、帰国することにしたんです。

金丸 帰国して、まず何をしたんですか？

御手洗 マッキンゼーに戻り、東北復興支援のプロジェクトをやっていました。

金丸 具体的には、どのような仕事を？

御手洗 ある自治体の、産業復興戦略に関わる仕事です。詳細は、守秘義務もあってあまり言えないんですけど……。

気仙沼に産業を。手編みニットで地域に貢献

金丸 そこから「気仙沼ニッティング」につながるんですね。そもそもこの事業のアイデアは、どこからきたんですか？

御手洗 コピーライターの糸井重里さんと、東北のために何ができるかお話ししているときに、「気仙沼で編み物の会社をやりたいんだけど、たまちゃん、社長やんない？」と（笑）。

金丸　糸井さんとの接点は？

御手洗　ブータンにいた頃です。糸井さんが私のツイッターやブログを見ていてくださり、交流が始まりました。

金丸　〝編み物〟という糸井さんの発想がユニークですね。

御手洗　そうですね。震災後の気仙沼は、建物も流されている状況です。でも編み物は、毛糸と編み針さえあればどこでも始められる。それに、漁師町である気仙沼は、編み物ができる人も多かった。私は「東北に、働く人が誇りを持てる仕事を作りたい」と思っていたんですが、編み物の会社を起ち上げ、地域の人たちがお客さんに本当に喜ばれるものを編んで届けていくことができれば、それができるかもしれないと思いました。それで起ち上げたのが、気仙沼ニッティングです。

金丸　どのような商品を販売しているんですか？

御手洗　最初に出した商品が、オーダーメイドのカーディガン「ＭＭ 01」です。アラン模様で、お客さんのサイズに合わせていちから編み上げます。これが15万１２００円です。いま一番人気のモデルは「エチュード」というレディメイドのセーターで、７万５６００円です。

金丸　高価格帯ですね。

御手洗　そうですね。１着のセーターを手編みするには、標準的なもので50〜60時間かかるんです。

それだけの仕事をしてくれる編み手さんたちに対し、まっとうに編み代を支払うと、どうしてもこれぐらいの価格にはなります。でも「編むのに時間がかかるので、高価格です」ではお客さんには通用しません。胸を張って「これは、私たちが最高にいいと信じられるセーターです」とお届けできるように、あらゆることをしています。たとえば、この「M01」と「エチュード」のためだけに、羊毛をスペインとイギリスから輸入し、オリジナルの毛糸を作っています。市販の毛糸では、これだけ模様がくっきり浮かび上がり、かつ軽くて着やすいというセーターは編めないんです。

金丸　セーターは長く使えるし、すごく納得感の得られる買い物になりそうですね。

御手洗　私は冬になると、ほぼこのセーターを着ています。毛糸も革のように、どんどん自分に馴染んでくるので1年ごとの変化が楽しいです。

金丸　社長になって4年目ですが、将来の目標を教えてもらえますか？

御手洗　この会社を、ちゃんと地域に根づいて栄えていく会社に育てたいと思っています。目先の利益を追うのではなく、これから2代目、3代目、4代目……と、ずっと繁栄し続ける、そういう骨太な会社の確かな基礎を築くことが、創業社長である自分の役目だと思っています。

金丸　復興のためには、地域に産業を興して仕事を作り、被災した人たちが自分で稼いで自立できるようになることが大事です。気仙沼ニッティングは、本当の意味での復興支援だと思います。

御手洗　ありがとうございます。会社を育てることと併せて、事業承継も今後の課題です。そして事業承継は、うちの会社だけでなく、日本中の中小企業の課題でもある。「なるほど、そういうやり方があるのか」と新たな道を示すことができたらいいなと思っています。でも、まだまだこれからですね。

■大切なのは、「どんな職業に就きたいか」より、「どう生きたいか」を考えること

金丸　自分で考え、行動し、切り拓いてきた御手洗さんだからこそ、若い世代に伝えたいメッセージはありますか？

御手洗　私が母から言われて、大切にしている言葉があります。小学校6年生のとき、学校で「将来何になりたいか」をよく聞かれました。でも、私は自分が何になりたいのかわからず途方に暮れて、母に相談しました。すると母が「それは質問がよくないね。考えなくていいよ」と。どういうことか聞くと「小6のあなたが知っている職業なんて限られているんだ

し、大人になってもその仕事があるかどうかもわからない。それよりもあなたが考えなくてはいけないのは〝自分はどう生きたいか〟ということなのよ。ゆっくり時間をかけて自分の芯を育てていきなさい」と。そしてそのためには、いろんな世界に自分をさらし、経験して、考えることが大切だと言われました。その言葉が、すごく腑に落ちたんです。

金丸 お母様が実に立派です。

御手洗 こういう母だったので、自分で物事を考える癖がついたのかもしれません。

金丸 御手洗さんを小さい頃から海外に送り出していたのも、こういう考えが根底にあったからなんですね。

御手洗 そうですね。感謝しています。

金丸 興味深いエピソードが尽きませんね。御手洗さんが今後どのような経営者になっていくのか、本当に楽しみです。本日はありがとうございました。

おわりに

好きで得意な道を見つけよう——。

若者への私の心からのメッセージです。好きで得意なことは楽しく、時間を忘れて没頭できます。たとえ大きな壁にぶち当たろうと、自分を信じて粘り強く挑み続けることができます。それが自分の仕事になれば、これほどうれしいことはありません。

今回登場いただいた15名も、ほとんどの方が子どもの頃や学生時代に好きなことに出合い、その道を邁進し続けています。三國さんはフランス料理、設楽さんはアメリカンライフスタイル、佐々木さんは語学と興味の対象は様々ですが、みな、自分の興味をアイデアに変え、実行に移して勝負し、人一倍努力した結果、大きな成功を手にしています。

——現状に満足せず果敢にチャレンジし続ける

出雲さんは大学生のときに知ったミドリムシに魅了され、「食糧問題を解決したい」と何度も実験に失敗しながら培養技術を確立しました。設楽さんはセレクトショップという新しいビジネスモデルを作り上げた後も、最大のリスクは陳腐化だとして、店を進化させ続けています。松尾さんは小学生のときに買ってもらったポケコンにハマって以来、理系の道を突き進み、いまや人工知能の第一線で活躍しています。夏野さんは大学時代にバイト先で使った表計算ソフトに衝撃を受け、「ITでビジネスはがらりと変わる」と確信、後にiモードを開発しました。佐々木さんは「好きな仕事だから、何の気負いもなかった」、谷口さんは初めて見たヒト型ロボットに興奮し「これだと思って、すぐ事業を立ち上げた」と起業に対して実に自然体です。

何度失敗しようと挑み続ける根底には、「世の中の役に立ちたい」「みんなに喜んでほしい」「好きだからこそ極めたい」というシンプルで不変の強い気持ちがあります。ディレクTVの失敗で多くを学んだという増田さんは、「人間の本質はチャレンジすることだ」と言い切ります。それが、いままでなかった代官山蔦屋書店やTポイントサービスなどを生み出す無限のパワーとなっているのです。

――どんな逆境でも諦めずに突き進む

新浪さんが就職して最初に配属された部署は、最も儲かっていない砂糖部。同期から「お前のサラリーマン人生は終わったな」と言われました。三國さんは修行時代、2年間ずっと皿洗いの日々を送りました。ふたりとも自分が望んだことではなかったものの、自分がなすことを腐らずがむしゃらに取り組み、後に上司から大抜擢を受けました。時代の寵児と言われた藤田さんは、ITバブルや株価暴落といった苦境を強い信念で乗り越え、事業の業態転換を見事に果たしました。浅野さんは全身に大やけどを負い、不幸のどん底にいながらも、「きっと、これ以下はないはず」と楽観的に捉え、自己実現と浅野家の再興のために、次は何をやろうかと病院のベッドの上で考えていました。

誰にでも訪れる逆境は人を成長させます。どんな逆境もポジティブに捉え、自分が正しいと信じた道を突き進めば、未来を切り拓くことができます。そして頑張っていれば、その姿を見ている人が、必ず引き上げてくれます。幸運やチャンスが必ず訪れるのです。

――父親や母親のキーワードに素直に反応し行動する

三木谷さんは、経済学者だった父から「物事を大局的に見る」という思考を学びました。未来に対する明確なビジョンがあるからこそ、未来を信じて前進できると言います。小林さんは「国境を越えて好きなように生きなさい」という父の言葉、御手洗さんは「学校以外の広い世界を見なさい」という母の言葉に背中を押されて日本を飛び出し、価値観の違いや世界が抱える問題を痛感しました。ふたりとも世界や地域の課題を解決するという高い志のもと、パワフルに活動しています。万波さんは、「手に職をつけるには、よい習いごとだから」と母に猛烈に薦められ、囲碁を始めました。負けず嫌いが高じて夢中になり、いまでは天職です。

このようにご両親の教えや言葉は、その後の生き方に大きく影響しています。物事を覚えるという普通の教育とは異なり、「物事を考え抜く」「様々な価値観を知る」「友達をつくる」「人を喜ばせる」といったソーシャルスキルを重視した価値観が、将来自分はどう生きたいかを決める上で大きな基盤となっています。

「好きで得意な道」でイノベーションを起こす

世界はいま大きな転換期を迎え、驚くべきスピードで変化を続けています。こうした時代だからこそ、柔軟な発想を持ち変化やスピードを味方にできる若者に、かつてないチャンスが訪れています。15名の半生を読んで多くの読者が気づいたはずです。起業は決して特別なことではありません。思っているほどハードルも高くありません。ですから、やりたいことがあるなら、リスクを恐れずチャレンジしてください。「これがしたい」という情熱と「面白そう」という好奇心と、最後までやり抜く粘り強さがあれば、必ず道は拓けます。たとえ何度失敗しようと、最後に成功すれば、どんな失敗も輝くエピソードになります。15名はまさに、その体現者なのです。

ひとりでも多くの方が、自分の好きで得意な道を極め、イノベーションのバトンタッチが永遠に続くことを切に願っています。

2017年11月　金丸恭文

住所：中央区銀座2-7-12
ブルガリ銀座タワー 9F
TEL：03-6362-0555
営業時間：11:30 ～ LO14:00
／17:30 ～ LO20:30　※日曜、祝日連休最終日はランチ営業のみ　不定休　54席

05 佐々木 かをり氏

『ブルガリ イル・リストランテ ルカ・ファンティン』

ブルガリの美学が貫かれた繊細な味覚を味わう

銀座にある『ブルガリ イル・リストランテ ルカ・ファンティン』。エグゼクティブシェフは、スペインの二ツ星『アケラッレ』や『ムガリッツ』で修行を積み、ローマ唯一の三ツ星店『ラ・ペルゴラ』の副料理長を務めた経歴を持つルカ・ファンティン氏。料理の味はもちろんのこと、巧みな色使いやプレゼンテーションで、イタリア料理の枠にとらわれない、独創性に溢れたコンテンポラリーな料理を提供する。

住所：港区西麻布2-26-21 B1F
TEL：03-5778-6511
営業時間：18:00 ～ LO22:00
休：日祝　30席

06 増田 宗昭氏

『La BOMBANCE』

解読不能なメニューに挑戦。西麻布の人気和食店

西麻布の地下にひっそりと佇む『La BOMBANCE』。シェフの岡元信氏は、紀尾井町『福田家』などで研鑽を積んだ料理人。フレンチのような店名だが、供するのは歴とした日本料理だ。まず､驚くのがメニュー表。暗号のような言葉が書かれ、料理の提供の際に種を明かしていく。着席し､メニューを見て､まずひと盛り上がり､メニューが出てきて、また盛り上がりを見せる。まさに、エンターテインメント。そのワクワク感たるや、唯一無二と言っても過言ではない。どんな料理が出てくるのかは、訪れてからのお楽しみ。

住所：目黒区三田1-13-1
恵比寿ガーデンプレイス内
TEL：03-5424-1338 or 03-5424-1347
営業時間：12:00 ～ LO14:00
／18:00 ～ LO21:00　※営業時間は変更の可能性あり　無休　40席

07 淺野 秀則氏

『ガストロノミー“ジョエル・ロブション”』

最上階の個室は究極のおもてなし

ジョエル・ロブションが展開するレストランの中でも、最高峰と言われる『ガストロノミー“ジョエル・ロブション”』。最上階には「ジョエル・ロブション サロン」と称する個室がある。サロンは3タイプ用意されており、2名から最大で30名までに対応。大切な接待やプロポーズなどに利用される機会が多く、ここぞというときに利用したい。

住所：目黒区三田1-4-1（恵比寿ガーデンプレイス内）
ウェスティンホテル東京 22F
TEL：03-5423-7790
営業時間：11:30 ～ 15:00
／17:30 ～ 21:30　無休　50席

08 万波 奈穂氏

『鉄板焼 恵比寿』

ホテルの最上階で味わう最高級の「恵比寿牛」

ウェスティンホテル東京最上階の22階に位置する『鉄板焼 恵比寿』。最大で10名まで利用可能な個室もある。大きな窓の外には東京の夜景が広がり、心ゆくまで、鉄板焼の魅力を堪能できる。訪れた際には、鹿児島県にあるのざき牧場にて飼育されている、霜降りと赤身のバランスが絶妙な「恵比寿牛」をぜひ。最上級の肉と、焼きの技術を堪能しよう。

SPECIAL TALK 対談の舞台

住所：港区六本木6-10-3
グランド ハイアット 東京 6F
TEL：03-4333-8786
営業時間：11:30 ～ 14:30（土日祝 ～ 15:00）／18:00 ～ 21:30
無休　101席

01 新浪 剛史氏

『旬房』

接待の場でも絶対の安定感を誇る

四季折々の素材を使用した日本料理が評判の『旬房』。プライベートが保たれ、ゆったり寛げる“はなれ”の空間はVVIP同士の会合でも安心。もちろん、スタッフへの教育も徹底されており、最高のホスピタリティでゲストを迎えてくれる。外国人でも座りやすい掘りごたつを配した寛ぎの空間では、すっぽんや国産鮑などの高級食材を用いたメニューが揃う。どんなときでも頼りにできる店。覚えておいて損はない。

住所：港区白金台4-19-16
TEL：03-6455-7724
営業時間：17:30 ～ LO22:30
※最終入店20:30
休：日祝　8席

02 藤田 晋氏

『洋食グリル 白金然荘』

プラチナ通り沿いの隠れ家鉄板焼き店

2015年8月にオープンした、洋食グリル。建物脇の隠れた専用エレベーターをのぼると、そこにはカウンター8席だけの空間が広がる。窓ごしには、ウォーターテラスが広がり非日常を感じる。料理は¥10,000のコースが基本。黒毛和牛のオリーブ牛や、産地直送の新鮮な野菜などを使った趣向を凝らした料理が楽しめる。お酒もワインから日本酒まで幅広く取り揃えており、上の階にはプライベートルームのような空間やテラスもあり。大切な人とふたりで訪れたい、使い勝手のいい隠れ家鉄板焼き店だ。

住所：中央区銀座5-5-13 坂口ビル3F
TEL：03-5537-7444
営業時間：12:00 ～ LO13:00
／17:30 ～ LO21:00
休：土（第1、3、5）日祝休　22席

03 三木谷 浩史氏

『小熊』

熟成で旨みを引き出す接待がうまくいく和食店

銀座の一等地に佇む『小熊』。和食店らしからぬ繭のようなカーブの壁や落ち着いた印象の赤壁などが印象的だ。モダンな廊下を抜けた奥には、栃の木のカウンター。そこでは、新橋の老舗京料理店で経験を積んだ小岩浩高氏が作り出す独創的なコースを楽しもう。特筆すべきは、全国から選りすぐった食材で作る熟成刺身や鍋料理などの旬の料理の数々。個室も3室あり、接待にも便利。

住所：千代田区丸の内2-6-1
丸の内ブリックスクエア アネックス 2F
TEL：03-5220-3921
営業時間：11:00 ～ LO14:30
／17:30 ～ LO21:00
休：ビルに準ずる　50席

04 三國 清三氏

『mikuni MARUNOUCHI』

心身ともに癒される、極上の野菜フレンチ

『mikuni MARUNOUCHI』のコンセプトは、“東京野菜が主役のナチュラルフレンチ”。東京の自然野菜と全国からの厳選食材によるヘルシーなフレンチを、大きな窓に囲まれた明るい店内でいただける。外に見える緑も心地よく、東京の中心にいることを忘れてしまう。

13 小林 りん氏

『HEINZ BECK』

世界のガストロノミー界の頂点の味を堪能できる

ローマで2005年より三ツ星を維持し続ける『ラ・ペルゴラ』の総料理長にして、各国の一流レストランのプロデュースを手掛けるハインツ・ベック氏。その手腕を存分に味わえるのが、2014年11月にオープンした『HEINZ BECK』だ。世界に彼の手掛ける店は数あれど、名前を冠しているのは日本のみ。卓越した美しさと驚きを兼ね備えた料理は、モダンキュイジーヌ（革新的料理人）という異名にふさわしい。

住所：千代田区丸の内1-1-3
日本生命丸の内ガーデンタワー M2F
TEL：03-3284-0030
営業時間：11:30 ～ LO13:30
／17:30 ～ LO20:00　休：日　34席

14 谷口 恒氏

『アルマーニ/リストランテ』

アルマーニの世界観を体現

『アルマーニ/リストランテ』は銀座・晴海通りにある『アルマーニ/銀座タワー』の10階にある。空間演出、料理、カトラリーに至るまでアルマーニの世界観が多分に表現されている。店内はブラックとゴールドに統一され、日本の竹をモチーフにしている。料理は食材を最大限に活かすことを考えられており、お皿の美しさには目を見張るばかり。フランチャコルタをはじめとするワインセレクションも秀逸で、ディナーでの接待でも申し分なし。もちろん、個室も完備しているため、VVIPが訪れる会にも重宝する。

住所：中央区銀座5-5-4
アルマーニ／銀座タワー 10F
TEL：03-6274-7005
営業時間：11:30 ～ LO14:00
／18:00 ～ LO21:00
不定休　88席

15 御手洗 瑞子氏

『CRISTA』

青山にできた落ち着いた大人のダイニング＆バー

青山のモダンレストランとして10年にわたり愛されてきた『beacon』の跡地にできた新店。無垢の木をベースに、オイルレザーや植栽などナチュラルな素材で構成される空間は、クラシックかつクラフト感溢れる雰囲気を演出。NY出身のシェフによるトラディショナルアメリカンをベースにアレンジしたグリル料理は必食。会食にも使える個室もぜひチェックしたい。

住所：渋谷区渋谷1-2-5
TEL：03-6418-0077
営業時間：11:30 ～ LO14:00
／17:30 ～ LO22:00、
BAR ／ LOUNGE ～ LO24:30
（土曜10:00 ～ LO22:00、
BAR ／ LOUNGE10:00 ～ LO24:30、
日祝 10:00 ～ LO21:00、
BAR ／ LOUNGE10:00 ～ LO22:30）
無休　140席

住所：渋谷区恵比寿南2-2-2
K・Tビル5F
TEL：03-6412-7783
営業時間：18:00 ～ 24:00
休：日　15席

09 設楽 洋氏

『鮨 早川』

会食に最適な個室を完備。恵比寿の隠れ家鮨店

恵比寿西口から徒歩3分ほどの場所にある『鮨 早川』。看板はなく、隠れ家的要素が満載な、知る人ぞ知る人気店だ。簡素なエレベーターホールを降り、扉を開けると、そこには黒を基調としたモダンジャパニーズの空間が広がる。店主の早川氏は、『鮨 小野』での修業後、2013年にこの店をオープン。大トロの炙りにトリュフをまぶした巻き寿司「早川スペシャル」など、伝統に縛られない味で評判を得ている。おまかせは¥18,000。会食に最適な個室がある点も特筆すべき。

住所：千代田区丸の内1-1-1
パレスホテル東京
TEL：03-3211-5317
営業時間：11:30 ～ 14:30
／17:30 ～ LO21:30　無休　64席

10 夏野 剛氏

『CROWN』

伝統とトレンドが織りなすキュイジーヌ・モダンを堪能

1964年創業。旧パレスホテル時代から続く、老舗フランス料理店『CROWN』。伝統とモダンが調和する空間。窓の外には美しい緑や丸の内のビル群が広がる。食通が愛してやまないパレスホテルの伝統を継承しつつも、フランスのトレンドを取り入れた新たな感性で作り上げる「キュイジーヌ・モダン」を堪能できる。

住所：港区六本木6-2-35
六本木662BLD8F
TEL：03-6406-8501
営業時間：17:30 ～ LO26:30
（土～ LO22:30）
休：日（月曜が祝日の場合は営業、翌月曜休）　17席

11 出雲 充氏

『六本木 鯛良』

六本木駅至近。深夜まで本格江戸前鮨を堪能

六本木の交差点から徒歩1分という立地にある『六本木 鯛良』。雑居ビルの8階というロケーションもあり、通りがかるだけではまず見つけることができない。店内からは、ガラス越しに都会の夜景を見下ろすことができ、東京タワーを眺める個室もあり。基本は江戸前で、ネタによって白酢と赤酢を使い分ける。ひと手間かけた仕事が光り、「金目鯛のバッテラ」など、珍しいネタも特筆すべき。平日のラストオーダーは深夜2:30までと、まさに働くビジネスマンに相応しいお店だ。また、南青山には『焼き鳥平良』、白金台には『鯛良』という姉妹店もアリ。

住所：港区六本木4-2-35
アーバンスタイル六本木三河台 B1
TEL：03-5775-6633
営業時間：11:30 ～ LO14:00
／17:00 ～ LO22:00　不定休　62席

12 松尾 豊氏

『ビフテキのカワムラ 六本木店』

最高級の神戸ビーフを六本木の真ん中で

もともと神戸に本店を構えるステーキハウス。神戸ビーフに特化し、最高等級かつ、雌牛にこだわった仕入れを行う。都内には、東京銀座店と、2017年3月にオープンしたこちらの六本木店がある。広々とした店内には個室が6つ。レンガ作りの重厚な店内は、まさに接待向け。会食をセッティングする人にこそ、ぜひ知っておいてもらいたいお店である。

人生を切り拓く人のチャンスのつかみ方

2017年11月10日　初版第1刷発行

編集　東京カレンダー株式会社
編集協力　太田健作（verb）
デザイン　小山悠太
校正　ディクション株式会社
Special Thanks（五十音順）
＜Text＞
上阪徹、大場庸佑、サトータケシ
＜Photos＞（カッコ内のNoは撮影を担当した章）
内田大介（05、08、13）、筒井義昭（10、14）、
中園彰道（04、07、12、15）、HIRO KIMURA（02、06、09、11）
JAN BUUS（01、03）
＜Proofreading＞
小船有紀

発行者　菅野祐介

発行所　東京カレンダー株式会社
〒141-0032
東京都品川区大崎1-2-2 アートヴィレッジ大崎セントラルタワー14階
電話:03-5740-5839　FAX:03-3492-7880
ウェブサイト：https://corp.tokyo-calendar.jp/

発売　サンクチュアリ出版
〒151-0051
東京都渋谷区千駄ヶ谷2-38-1
電話:03-5775-5192　FAX:03-5775-5193

印刷・製本　株式会社シナノ

※本書は「東京カレンダー」内の連載対談企画
「SPECIAL TALK」を再編集して掲載したものです。

ISBN978-4-86113-048-9